Relaciones Extraordinarias

Una vida amorosa
apasionada, íntima
y divertida.

Clifford y Joyce Penner

GRUPO NELSON
Una división de Thomas Nelson Publishers
Desde 1798

NASHVILLE   DALLAS   MÉXICO DF.   RÍO DE JANEIRO   BEIJING

Editorial 10 puntos es una división de Grupo Nelson
© 2006 Grupo Nelson
Una división de Thomas Nelson, Inc.
Nashville, TN, Estados Unidos de América
www.gruponelson.com

Título en inglés: *The Married Guy's Guide to Great Sex*
© 2004 por *Dr. Clifford Penner y Joyce Penner*
Publicado por Tyndale House Publishers, Wheaton, Illinois 60189

Traducción: *Hubert Valverde*
Diseño interior: *Grupo Nivel Uno, Inc.*

ISBN: 0-88113-998-X
ISBN: 978-0-88113-998-3

Impreso en Estados Unidos de América

2ª Impresión

A los hombres de nuestras vidas...

A nuestros clientes que han confiado en nosotros la intimidad de su sexualidad.

Y a sus esposas que nos han informado de la importancia del papel del esposo en sus vidas sexuales.

A nuestro querido amigo, el doctor Neil Warren, cuyo entusiasmo nos ha animado y cuya habilidad nos ha ayudado a formular la esencia de este libro.

A nuestros hijos, Gregg Penner y John Stellato, cuya apertura y candor nos han mantenido en contacto con el hombre de hoy en día.

A nuestros amigos:

Peb Jackson, por la demostración activa de su visión y ministerio con los hombres de todas las edades.

Jack Mount, por su modelo de líder siervo para su familia, sus amigos y su comunidad.

Paul Schultheis, por su apoyo a nuestro llamado al significado de la intimidad con Dios.

Roland Hinz, por su sinceridad en su propia vida y para con nosotros al buscar la verdad.

Bud Bare, por su amor y frivolidad, con los cuales nos ha aliviado los momentos de tensión.

Nuestros hermanos: Dave, Gene y Doug Buhler, por darse de sí mismos a Joyce al enseñarle acerca de las relaciones amorosas con los hombres.

Eldin Dirks y Jim Martens, por traer la masculinidad a la familia de Cliff, cuyo dominio era principalmente femenino.

— ÍNDICE —

— PREFACIO —

¿Es realmente posible la satisfacción sexual mutua en todas las parejas? ¡Sí... y tú como hombre puedes marcar la diferencia!

Si inviertes en descubrir un amor, una pasión y una intimidad más grande en tu matrimonio, tu vida sexual llegará a alturas inimaginables. La ganancia superará con creces tus esfuerzos. Dios diseñó el sexo para que fuera una expresión vital y apasionada del matrimonio.

Durante los primeros siglos del crecimiento de la iglesia, el sexo era una pasión que debía ser suprimida. Cuando la revolución sexual de los sesentas y setentas intentó liberar a las personas, terminó degradando el diseño de Dios.

Actualmente, existen movimientos para desarrollar la familia y para capacitar a los hombres a ser hombres de Dios, dirigidos por organizaciones como Enfoque a la Familia y Cumplidores de Promesas. Esperamos que tú hagas una promesa adicional: comprométete a leer *Relaciones Extraordinarias* y descubrir un amor, una pasión y una mayor intimidad con tu esposa.

Gracias y bendiciones.
DR. CLIFFORD Y JOYCE PENNER

— INTRODUCCIÓN —

Debido a nuestro origen menonita alemán y por vivir en comunidades del medio oeste y Canadá, éramos ingenuos y carentes de información sexual. La única instrucción que recibimos de parte de nuestra familia le llegó a Joyce dos semanas antes de la boda. Prácticamente eran tres advertencias:

1. La luna de miel va a ser horrible.
2. Ella iba a estar cansada.
3. Ella no debía dejar que él la usara. (¡Y no lo hizo! Ella lo usó a él.)

Afortunadamente, Joyce había tomado recientemente una clase de «preparación para el matrimonio» en su escuela bautista de enfermería. El tema del ajuste sexual fue una parte importante de esa clase. Es por eso que Joyce fue la que le dijo a Cliff lo que ella había aprendido acerca del sexo en el matrimonio desde una perspectiva cristiana.

Pero no se supone que así suceda. En lo que respecta al sexo, el hombre debe ser el experto.

Al menos eso es lo que la gente *quiere* que creas.

La creación de un «hombre varonil»

La falsa suposición de que los hombres deben ser expertos sexuales ha trascendido de generación a generación.

Quizás para ti comenzó cuando tenías alrededor de cinco años y fuiste regañado por tratar de espiar en el cuarto de tu hermana.

Escuchaste la frase: «eso no se hace». Pero también escuchaste: «todos los hombres son iguales», tal vez dicho con un tinte de orgullo.

En el segundo grado probaste utilizar el vocabulario sexual que habías escuchado a otros jóvenes mayores que tú. Los adultos cerraban un entrecejo, pero alguien dijo: «está practicando para ser hombre».

En quinto grado, cuando enviaban a las niñas a otro salón para aprender acerca de la menstruación, sentías curiosidad y como si te hubieran sacado de la jugada. ¡Cómo se atreven a saber algo sexual que es un misterio para ti!

La capacitación sutil de tu supuesta experiencia masculina continuó. Tu primo, dos años mayor que tú, te mostró su botín de revistas. Fue la primera vez que viste mujeres desnudas y eso desencadenó una avalancha de temor, de emoción y de confusión. Esas fotografías hicieron un nudo en tu estómago como nunca antes; es como si no hubieras podido respirar aunque estabas respirando rápidamente, con la garganta llena hasta el punto de sentirte atragantado. No querías mirar, pero a la vez no querías detenerte.

En la secundaria, la verdadera educación sexual comenzó. Viste «la película». La maestra habló de la reproducción, de cómo el óvulo se une con el esperma y de cómo nacen los bebés. ¡Qué asco! Apenas podías escuchar. Si te encontrabas en una clase que era sólo para hombres, te preguntabas qué estaban hablando las chicas. Si estabas en una clase mixta, no podías evitar las risitas nerviosas cuando el maestro usaba palabras como: pene, vagina o coito.

De cualquier forma tú tratabas de mantenerte sereno, pretendiendo que sabías todo acerca del sexo. Saber sobre el sexo era la onda de los chicos. El chico más popular de tu clase parecía saber todo acerca del sexo, siempre contando historias acerca de alguna chica o un chiste rojo.

Los chistes parecían saber mucho acerca de la experiencia sexual masculina y de lo que significaba ser un hombre. Implicaban que un hombre de verdad es aquel con el pene más grande, las mujeres se derretían ante él, y le pedían más.

Pero entonces sucedió: las chicas crecieron durante las vacaciones entre la secundaria y la preparatoria. Tenías un gran complejo, tratando de ser lo que sabías que no eras. Te acostumbraste a actuar como un chico con clase, o te alejabas de las chicas para evitar el dolor del rechazo.

Sea cual haya sido tu camino, tenías algo en común con todos los demás chicos: la masturbación. Quizás para ti era sólo algo que te hacía sentir bien. O que te hacía sentir bien hasta que acababas y luego te inundaba la vergüenza y la culpabilidad. Y jurabas no hacerlo de nuevo. Quizás tus amigos te enseñaron que los que se masturbaban eran fracasados; la masturbación era una señal de que no podías obtener lo verdadero: una mujer.

Durante todo ese tiempo, seguiste recibiendo el mensaje: los hombres son expertos y también son animales sexuales. «¡Consigue todo lo que puedas!» decían tus amigos, los programas de la televisión y los sitios de pornografía de la Internet. «Entre más logres, más hombre serás». Aunque hayas sido criado con la instrucción bíblica de guardar el coito para el matrimonio, es probable que hayas intentado llegar hasta el límite. Esperabas que la chica fuera la que te detuviera. A veces esperabas que lo hiciera, otras veces no.

Después del colegio, querías ser el hombre sexual que el mundo esperaba que fueras, aun cuando tu fe y la iglesia te hayan recordado que debías guardarte para tu esposa.

Con el tiempo conociste a la mujer de tus sueños. Ella pudo haber sido tu primera novia en serio, o tu décima. Cuando te casaste, probablemente ella también esperaba que tú fueras un experto en el sexo.

Pero ¿lo eras? Si seguiste pretendiendo que sólo tú lo sabías todo, probablemente te encontraste en problemas. Quizás hasta ella perdió interés en el sexo totalmente.

No es fácil ser un experto, ¿o sí?

Peor aún, no funciona.

¿Puedes aceptar otra dirección?

Afortunadamente, hay otro camino. Tu vida sexual puede ser maravillosamente satisfactoria si escuchas a tu esposa, la honras y le sirves aceptando su dirección. El líder siervo descubre que tiene a la esposa más sensible y la vida sexual más apasionada.

El hecho es que, *la única posibilidad para tener felicidad en la vida sexual ocurre cuando el hombre se mueve en la dirección de la mujer.* Eso significa deshacerse de las falsas enseñanzas de los años pasados. Significa conectarse con tu esposa, por la forma en que ella fue creada, y de cómo fue capacitada para cuidar, tocar, inquietarse y sentir. Cuando escuchas, respondes y dejas que la mujer dirija, es asombroso lo satisfactorio que el sexo puede ser para ambos.

Este libro es acerca de descubrir un amor, una pasión y una intimidad más grande en el sexo matrimonial mediante la desaparición de los mitos acerca de los hombres y el sexo. *Relaciones extraordinarias* te capacitará para marcar la diferencia en tu vida sexual con tu esposa, sin importar si necesitas una gran reparación o sólo un pequeño ajuste.

A muchos hombres les cuesta pedir direcciones aun cuando están perdidos. Es aun más difícil pedir dirección a tu esposa en lo que respecta al sexo. No obstante, el sexo funciona mejor cuando el hombre deja que la mujer lleve el paso. Salomón, un modelo de un hombre sexualmente satisfecho, dejaba que su esposa dirigiera su relación física, tal como lo verás en este libro. Y Cristo, el modelo del amor entregado, cedió Sus derechos por Su esposa, la iglesia.

Una relación sexual dinámica requiere esfuerzo, pero ese esfuerzo nos llevará a tener más diversión y una vida llena de pasión. De eso se trata *Relaciones extraordinarias.*

Después de más de 25 años de ser terapeutas sexuales y de dirigir seminarios acerca del tema en todos los Estados Unidos y Canadá, estamos convencidos de que lo que funciona mejor en la cama no sólo mejorará un poco tu matrimonio, sino que creemos que te llenará de emoción.

— CAPÍTULO UNO —

Esto no es la Asociación Nacional Universitaria de Deportes

Georgetown y UCLA se encuentran en las finales de básquetbol universitario. Los jugadores están llenos de adrenalina, los entrenadores están ansiosos y con esperanzas. Tú, viviendo en Georgetown, has planeado tu día en base al evento.

Cada vez que el equipo de Georgetown anota, saltas del sillón con emoción. La tensión se acumula. El último cuarto termina con un empate, y la batalla se va a tiempos extras. Y otro tiempo extra más. Finalmente Georgetown anota, suena el pitazo, acaba el partido y tu equipo es el ganador.

¡Eres un ganador, *tu* equipo ganó!

Esa noche te acuestas con tu esposa, y también quieres triunfar con ella.

En otras palabras, tratas de anotar.

Las respuestas sexuales de tu esposa son los puntos que anotas. Entre más rápido obtengas una respuesta, mayor excitación se acumula. Te vas directo a los puntos calientes, manipulas y maniobras para poder ganar más puntos.

Si no hay respuesta, te llenas de tensión, te frustras. Sigues las instrucciones, ¿no es cierto? No es justo. Tan pronto como entiendes las reglas, ¡ella las vuelve a cambiar!

Entre más intentas, las cosas se ponen peor. Estás desesperado. Después de todo, si fueras un hombre de verdad, podrías hacer que tu esposa tenga un orgasmo, o más de uno. Si no lo puedes hacer, ella es una fracasada y tú también.

COMPETENCIA SEXUAL EN PROCESO

Primera información

¿Cuándo comenzó este juego de ganar y perder en el sexo? Tu padre puede haberse llenado de orgullo cuando, a los dos años, pudiste atrapar la pelota, o tocar el teclado de su computadora. «Se ve tan coordinado», dijo papá, o «¡él es excepcionalmente brillante!» Algún día, tenía su esperanza en secreto, harás que tu familia se sienta orgullosa, jugando en un equipo profesional o desarrollando un software «impresionante».

Unos años después, era béisbol, fútbol o usando tu propia computadora. Escuchaste a tu papá llamar por teléfono a tu abuelo y decirle acerca de tus destrezas, o de tu asombrosa habilidad para el ajedrez. El mensaje era claro y evidente: para sentirse bien con uno mismo, uno tiene que anotar, golpear, atrapar, correr, bloquear. ¡Uno tiene que ganar!

La mayoría de las chicas, mientras tanto, ocupaban sus primeros años de una manera diferente. Mientras que la mayoría de los chicos estaban jugando un juego competitivo o al menos deseando hacerlo, las chicas hacían actividades menos competitivas y más orientadas al proceso tales como el baile o la música. Algunas chicas eran activas en los deportes, pero tendían a hablar mientras jugaban, convirtiéndolo en un evento social más que en una batalla.

Quizás los deportes no te interesaban, y tampoco tus padres tenían la obsesión de ganar. Aun así, probablemente veías la competencia a tu alrededor y la menospreciabas o te medías por ella. Es muy probable que esas comparaciones te hayan ayudado a formar tu autoimagen.

La pubertad y más allá

En el colegio, quizás continuaste compitiendo. Quizás no participaste con un equipo, pero fuiste de todas maneras a los juegos o los veías en televisión. Sin importar si los jugabas o los veías, había mucho en juego. En todo, desde la natación hasta la lucha libre, lo importante era anotar. Si fuiste a la universidad, quizás seguiste jugando u observando. O tu interés tal vez cambió hacia otras áreas: competir por la mejor nota en química, el papel principal en una obra de teatro, la novia más hermosa, la mayor cantidad de votos en una elección del cuerpo estudiantil. En el mundo corporativo comenzaste a competir por el pago más alto, el título más impresionante.

> La competencia, el logro, la llegada, la natación, la caza, y el triunfo son inclinaciones naturales del hombre.

La competencia, el logro, la llegada, la natación, la caza, y el triunfo son inclinaciones naturales del hombre. No hay ninguna diferencia en lo que respecta a la parte sexual romántica de la vida.

¿SE TRATA SÓLO DE ANOTAR?

Es asombroso con qué frecuencia escuchamos esta queja de las mujeres: «Realmente me molesta cuando estoy cocinando o lavando los platos y él se me acerca y me toca sexualmente».

¿Qué es lo que está tratando de hacer ese hombre?

Está tratando de triunfar. Piensa que para ser un ganador, tiene que anotar; y para anotar tiene que hacer que ella responda.

Ese razonamiento parece comenzar durante el cortejo. Los chicos se preguntan entre ellos cosas como éstas:

«¿Hasta dónde llegaste?»
«¿Cuánto obtuviste?»
«¿Llegaste a tercera base?»
«¿Anotaste?»

La suposición es que el hombre debería presionar a la mujer tanto como ella se lo permita. Entre más pueda estimularla, más triunfador será. ¡Eso no es cierto! El sexo no tiene que ver con el logro o con anotar.

No se gana pidiendo más

Antes del matrimonio, el hombre que presiona sexualmente hace que la mujer tome el papel de poner los límites. Si presionaste para tocarle el busto o los genitales, ella tuvo que poner un límite. Si lo cruzaste, le enseñaste a resistir. Aunque la excitación la hubiera hecho continuar, ella probablemente experimentó tristeza y dolor después. Ella sintió que cedió.

> El sexo tiene que ver con la relación, no con la conquista, el logro o la anotación.

Un hombre que pidió más antes del matrimonio, es probable que continúe el mismo estilo después de la boda. Presiona tanto como pueda; no obstante, siente que no está satisfaciéndose. El enfoque orientado hacia una meta no llevará a un hombre a tener una mayor pasión, amor o intimidad. El sexo tiene que ver con la relación, no con la conquista, el logro o la anotación.

Es más, el sexo orientado hacia un objetivo de todas maneras no anota. Ni siquiera te permite llegar a primera base. La verdadera gratificación no surge de que tan rápido o con qué frecuencia tu esposa acepta excitarse, excitarte, lograr un orgasmo o tener más de un orgasmo.

Esa clase de sexo deja decepcionado a uno o a ambos en la pareja. Por ejemplo, cuando tocas las partes sexuales de tu esposa porque te hace sentir bien o esperas que eso la interese en el sexo, más bien la inhibe. En contraste, una mujer que se siente atendida, que la escuchan, que la adoran, que la aprecian, que se siente afirmada y complacida buscará la caricia y una mayor intensidad.

NO SE TRATA DE GANAR O PERDER; SE TRATA DE CÓMO JUGAR EL PARTIDO

El amor, la pasión y la intimidad nunca tienen nada que ver con ganar o perder; se trata más bien de la manera de jugar el partido. En el sexo, es más importante obtener el premio a la simpatía, que el ser el jugador más valioso.

El buen sexo requiere de un cambio total de actitud en tus instintos naturales.

Una mujer no quiere ser una conquista o un triunfo en una cuenta personal. Ya que el hombre no está totalmente satisfecho a menos que la mujer lo esté, él tiene que cambiar de su enfoque orientado hacia los resultados al proceso de orientación de la mujer.

> El amor, la pasión y la intimidad nunca tienen nada que ver con ganar o perder; se trata más bien de la manera de jugar el partido.

Él tiene que aprender a quedarse inmerso en los movimientos hermosos y a la armonía de la sinfonía en lugar de buscar el triunfo de su equipo.

Ese cambio no es fácil: «Es natural para nosotros querer mostrar afecto. Pero por alguna razón misteriosa, igualamos la ternura con el sentimentalismo, la debilidad con la vulnerabilidad. Parece que tenemos tanto temor de darlo como de recibirlo», escribió Leo Buscaglia.[1]

No es de extrañar que sea una lucha tan grande para el hombre sentirse bien de sí mismo en su relación con su esposa y su relación con Dios. Los hombres quieren triunfar, pero las relaciones requieren un enfoque completamente diferente.

No tienes que ser un esclavo de la motivación para anotar. No tienes que sufrir la presión, las demandas y el complejo que trae el sexo orientado hacia los resultados. No tienes que aislarte de los buenos sentimientos del momento.

En nuestra consulta de terapia sexual, descubrimos que cuando las parejas aprenden a enfocarse en el proceso del placer más que en los resultados de la estimulación, sienten una menor demanda. No quedan simplemente satisfechas; se sienten profundamente realizadas.

Por esa razón, en los siguientes capítulos, enfatizamos el enfoque en el placer más que en el estímulo. Si quieres tener una experiencia sexual mutuamente extasiada, no tendrás que intentarlo. Estarás buscando un placer mutuo.

Para averiguar cómo puede suceder eso en tu matrimonio, sigue leyendo.

CAPÍTULO DOS

¿PUEDE EL BUEN SEXO OCURRIR ASÍ COMO ASÍ?

Allí estaba en el U.S. News y World Report: «El deseo sexual: Sin importar si es un apetito aburrido o un hambre voraz, millones de estadounidenses no son felices con sus vidas íntimas».

Parece que no existe el buen sexo últimamente en los Estados Unidos.

Quizás es parcialmente debido a nuestro complejo, o a nuestro estilo de vida ocupado. Pero pensamos también que se debe a la gran cantidad de personas que erróneamente creen que el buen sexo ocurre así como así.

Tal vez el buen sexo ocurría así cuando el tío Pedro y la tía Audrey vivían en una finca sin electricidad, sin teléfono, cuando la casa estaba a oscuras y los niños ya estaban durmiendo en sus camas a las siete de la noche.

O tal vez no.

HACER LO QUE PARECE NATURAL

Una vez le dimos a una pareja comprometida una copia de nuestro libro *Getting Your Sex Life Off to a Great Start* (Hacer que tu vida sexual tenga un buen comienzo). La novia nos agradeció y nos dijo:

«No lo vamos a leer hasta después de la luna de miel, porque deseamos hacer lo que se vea natural».

Esa joven y su novio se encontraban entre los más inteligentes y mejores educados de la nación. Dedicaron tiempo, energía y dinero a la preparación de la boda, los planes financieros y casi todos los aspectos de su vida juntos. Pero no querían «arruinar» su vida sexual preparándose para la unión compleja de sus cuerpos, almas y espíritus.

> El sexo no sucede por sí solo; tienes que hacer que suceda.

Nos recordaron a la abuelita de 87 años de Joyce, que nos dijo hace varios años: «No estoy de acuerdo con lo que están haciendo (refiriéndose a nuestro trabajo como educadores sexuales). Adán y Eva no lo necesitaron. Abe y yo tampoco lo necesitamos, y nadie lo necesita».

La creencia de que el buen sexo ocurre por sí solo, que uno no necesita responsabilizarse por la calidad de su vida sexual, es un mito perpetuado por muchos programas de televisión y películas. Los hombres y las mujeres, generalmente que no están casados, se sienten atraídos irresistiblemente el uno por el otro, en pocos minutos, pareciera, que están teniendo un sexo erótico y apasionado, así como así.

La mayoría de las parejas desean tener esa clase de sexo apasionante. Para algunos, así sucede. Pero para la mayoría, una vida de experiencias sexuales satisfactorias y excitantes requiere una acción deliberada.

Excepto en casos de violación, incesto y abuso, la responsabilidad de tener cantidad y calidad en el área sexual recae en cada persona. Cuando uno cree falsamente que el sexo sucede por sí solo, en lugar de que uno lo predisponga, uno tiende a hacer que el sexo dentro del matrimonio se vuelva aburrido. Si uno piensa que el sexo es la consecuencia automática de la pasión, uno podría declararse inocente a pesar de haber tenido una conducta sexual fuera del matrimonio. Si uno está convencido de que el buen sexo ocurre por sí solo, uno puede creer que no se está enamorado basado en esa misma razón.

Muchas personas igualan estar enamoradas con el tener una pasión sexual. Les cuesta mucho ver la diferencia entre el amor eterno ágape y el amor erótico y temporal. El doctor Lewis B. Smedes, en el libro *Love Within Limits* (Amor dentro de los límites) explicó la diferencia:

> Eros aparece y desaparece de la misma forma en que los vientos del deseo crecen y se desvanecen... si eros sigue desvaneciéndose, morirá más adelante. Cuando la persona amada no desea cumplir las necesidades del que la ama, eros muere lentamente. Cuando la persona amada se va y no regresa, eros muere por falta de estímulo. Cuando la persona que ama no tiene más necesidad de lo que la persona amada desea dar, eros muere. Nutrido por la necesidad dentro del que ama y por la promesa ofrecida por la persona amada, el amor erótico no tiene un poder auto regenerador. Es poderoso, pero no tiene poder por sí mismo.[1]

En síntesis: ambos deben querer mantener el amor sexual vivo dentro del matrimonio. En otras palabras, no ocurre por sí solo.

¿Qué hemos hecho?

Con respecto a nosotros, hemos sido bendecidos con una vida sexual que ha sido deleitosa y natural desde el principio. Creemos que ha sido debido a nuestros orígenes similares y a la preparación de la clase para matrimonios que Joyce tomó antes de nuestra boda.

En cierto sentido, sin embargo, no hicimos lo que parecía ser natural. Aplicamos lo que Joyce había aprendido en esa clase. Y su deseo de compartir esa información con Cliff abrió nuestra comunicación acerca de esta dimensión vital de nuestra relación.

Nosotros venimos de hogares cálidos y buenos que promovían una ética de trabajo y de dar valor al planeamiento y al logro de las metas. Vimos la felicidad sexual y marital como una meta que debíamos esforzarnos por alcanzar. Eso, pensamos, ha permitido que el sexo fluya de manera natural en nosotros.

Si tú y tu esposa llegaron al matrimonio como individuos seguros y con confianza; con perspectivas saludables de la sexualidad, expectativas realistas, y un conocimiento sexual adecuado, es probable que puedan compartir una gratificación sexual intensa sin mucho esfuerzo. Tú has sido bendecido de manera muy especial; las parejas saludables pueden tener sexo saludable haciendo lo que les parece natural.

Para muchos de nosotros, sin embargo, no es tan simple.

CUANDO LO NATURAL NO ES NATURAL

El varón sexualmente ingenuo

Hemos escrito varios de los libros acerca del varón sexualmente ingenuo. Ya que él fue criado en un hogar sobreprotegido, o por otras razones él no dio algunos pasos en su desarrollo sexual. Él llega al matrimonio sin saber cómo expresar su sexualidad de manera natural.

¿En qué se equivocó este hombre? Para comprender eso, necesitamos saber lo que es en realidad un desarrollo sexual saludable.

Durante el desarrollo genital de la etapa de los dos a los cuatro años de edad, un niño descubre su pene y se da cuenta de que tocarlo lo hace sentirse bien. Si es avergonzado o restringido, su curiosidad será reprimida; no aprenderá que sus genitales son un regalo natural que Dios le dio para producir placer. Por otro lado, si se le enseña que su pene fue diseñado por Dios con sentimientos especiales que son privados y serán una parte importante para cuando se case algún día, probablemente tendrá una actitud saludable acerca de esta parte de su cuerpo.

Cuando el niño entra en los años preescolares, su curiosidad se convierte en preguntas acerca de la sexualidad. Si se le afirma cuando hace preguntas y se le da una información correcta, él pasará a la etapa del juego exploratorio en la edad escolar. En esta etapa él desea descubrir si los demás chicos son igual que él y en qué forma las niñas son diferentes a él. Si se le enseñan los límites y se le da la información a través de libros y charlas en vez de experiencia «práctica», aprenderá respeto y aceptación de su conciencia sexual. Luego llega la pre-adolescencia, con toda esa energía hormonal. El chico nota el desarrollo de las chicas, puede sentirse excitado por ello, y quizás se comporta de manera inapropiada. Nos referimos a esto algunas veces como a la etapa de «beso en fuga». Las actividades de grupo supervisadas como pasar naranjas sin usar las manos son buenas formas de ayudar al chico preadolescente a avanzar a los años de cortejo adolescente con confianza en sí mismo. Desafortunadamente, tales juegos inocentes son sólo un recuerdo casi olvidado por muchos segmentos de la sociedad.

Para el varón sexualmente ingenuo, este proceso de desarrollo fue interrumpido en algún momento. No entró en la adolescencia con confianza en sí mismo. Él llega al matrimonio todavía comportándose como aquel adolescente: su manera de acercarse sexualmente a su esposa es tocando, pellizcando y agarrando.

Lo que para él es natural no es en realidad natural. Le quita las ganas a su esposa. Cuando ella responde con irritación, la confianza del hombre se desvanece, y él entonces comienza a actuar de manera menos natural.

Si esto te describe a ti, anímate. Hay muchas probabilidades de que puedas utilizar bien la clase de entrenamiento que este libro te ofrece. Con ayuda de tu esposa, algunos ejercicios e información, el funcionamiento sexual con plena confianza está a solo unos pasos de distancia. Con esta nueva capacidad, lo que es natural para ti verdaderamente será natural.

CUANDO LO NATURAL DIFIERE

Claudia llegó al matrimonio asumiendo que lo que todos los hombres realmente quieren es sexo. Ella esperaba que su esposo, Robert, fuera el que iniciara las relaciones. Pero en la familia de Robert, su madre era una persona agresiva y vibrante. Su padre era más reservado, respondiendo a los avances de la mamá de Robert.

La tensión de Robert y Claudia con respecto al sexo empezó la noche de bodas. Ella desempacó sus cosas y se fue al baño a cambiarse, esperando que él la buscara. Él se relajó y encendió la televisión, esperando que ella viniera a él cuando estuviera lista. El resultado fue que ella se sintió rechazada. Él, mientras tanto, estaba confundido por el dolor que ella sentía, y se sintió injustamente criticado cuando Claudia se refirió al incidente como una prueba de que él no la deseaba sexualmente.

Chris, otro recién casado, esperaba ansiosamente su noche de bodas para consumar su relación con Angie. Ambos se habían estado acariciando, besando y tocando intensamente durante el tiempo de su compromiso, de manera impaciente deseaban llegar al coito. Chris asumió que él y Angie continuarían la noche de bodas donde habían quedado antes.

Ella, por otro lado, pensaba que comenzarían con el mismo nivel de relación que habían experimentado hasta ahora. Cuando llegó la noche, ella se acostó en la cama del elegante cuarto de hotel, con su negligé, esperando que él saliera del baño. Ella pensaba que saldría usando una pijama bien planchada.

Cuando él abrió la puerta, sin embargo, ella lo vio desnudo y totalmente erecto. Habiendo sido criada de manera ingenua y con mensajes negativos por parte de su madre acerca de la sexualidad masculina, ella automáticamente se congeló. No pudieron consumar su matrimonio por varios meses.

Tu deseo la inhibe

Eric, un hombre que entrevistamos para nuestra serie de videos: *The Magic and Mistery of Sex* (La magia y el misterio del sexo), describió su matrimonio: «me sentía como un niño en una tienda de dulces. Sólo quería tener sexo todo el tiempo, y no podía comprender por qué no podíamos hacerlo todo el tiempo».

El deseo sexual de un hombre con frecuencia es su manera de buscar el amor. Puede ser difícil de comprender por qué una esposa no quisiera lo mismo. Pero con frecuencia ella se sentirá usada más que amada por esta situación. Las ganas del hombre más bien alejan a la mujer.

Los hombres son más propensos a conectarse y experimentar el amor a través del sexo; las mujeres se sienten más aptas para querer tener relaciones sexuales como resultado de sentirse amadas y conectadas. Comprender esta diferencia masculina-femenina es vital para poder negociar una relación sexual placentera.

> Los hombres son más propensos a conectarse y experimentar el amor a través del sexo; las mujeres se sienten más aptas para querer tener relaciones sexuales como resultado de sentirse amadas y conectadas.

Una mujer necesita sentirse deseada, pero también necesita espacio para experimentar su propio deseo. Si siempre le pides antes que ella tenga la oportunidad de pedir primero, puede que ella responda como una expresión de amor; pero con el tiempo su intensidad sexual menguará.

Cuando te sientas tentado a pedir o a perseguirla, intenta mejor conectarte y reafirmarla emocionalmente primero. Mantenla deseosa: no saciada; pero tampoco ignorada.

Tu interés en ella le da valor

¿Te acuerdas de Claudia, la recién casada que pensó que su esposo, Robert, no estaba interesado en ella? Ella se volvió desconfiada, criticona y demandante. Sus expectativas de la intimidad sexual habían sido rotas. Ella se sintió rechazada. Su reacción intensa hizo que el esposo se sintiera inadecuado y lo alejara aún más, lo cual por supuesto, hacía que ella se sintiera más devaluada.

Maureen, otra persona que entrevistamos para nuestros videos, se sentía preocupada porque su esposo, Dan, no estaba iniciando las relaciones. Ella se preocupaba pensando que él no la veía atractiva:

«Quizás pensaba que yo era gorda o algo así». Sin embargo ella era hermosa y delgada.

Una esposa se siente reafirmada por el interés sexual de su esposo si se expresa mediante una conexión y deleite de ella como persona en vez de sólo buscar su cuerpo. Cuando tu esposa se siente honrada, adorada y protegida por ti, tu interés físico será otra indicación más de tu amor.

Gary Smalley habla de esta necesidad en el libro *Go the Distance: The Making of a Promise Keeper* (Siga hasta el final: La formación de un cumplidor de promesas) escrito por John Trent:

> El honor se encuentra en el centro de las relaciones amorosas, con Dios, con nuestra esposa, con nuestros hijos, con nuestro jefe, y con nuestros compañeros de trabajo. Honrar a alguien significa valorar a esa persona. Es una decisión que hacemos sin importar nuestros sentimientos. Cuando decidimos honrar a alguien, estamos diciendo que esa persona es extremadamente valiosa e importante para nosotros.[2]

Cuando no le comunicas a tu esposa cuánto la valoras, cuando le expresas tu interés sexual solamente enfocándote en tus necesidades, ella se sentirá usada.

> Un esposa se siente reafirmada por el interés sexual de su esposo si se expresa mediante una conexión y deleite de ella en vez de sólo buscar su cuerpo.

Tal como escribe John Gray, los hombres se motivan al sentirse necesitados; las mujeres se motivan sintiéndose apreciadas.[3] Es por eso que los hombres intentan iniciar el sexo con sus esposas expresando sus necesidades; los hombres piensan que las mujeres, al igual que ellos, se motivan al sentirse necesitadas.

Eso no funciona. Pero ambos pueden satisfacer *sus* necesidades si reconocen sus diferencias.

Cuando ella no es como tú

Ella dice: «¡Lo único que los hombres quieren es sexo. Es lo único en lo que piensan!»
Tú dices: «Las mujeres son tan volubles. Siempre están cambiando de opinión».

Ella dice: «¡Nunca escucha!»
Tú dices: «Habla, habla, habla…»

Ella dice: «¿Por qué nunca recuerda lo que le digo?»
Tú dices: «¡Lo único que quiere hacer es compartir!»

Ella dice: «¡Si sólo me tocara de la forma en que yo le pido!»
Tú dices: «¡Ella se excitó cuando le hice eso ayer!»

Ella dice: «Lo único que quiero saber es que le intereso».
Tú dices: «Lo único que quiero es paz».

A ti te gusta que el cuarto esté frío; a ella le gusta que el cuarto esté tibio. Tú quieres meterte a la cama rápidamente; ella prefiere pasar lo que pareciera ser una hora, arreglándose. Tú quieres que ella sea puntual; ella prefiere verse más bella para ti aunque llegue tarde.

Te excitas cuando ella toca tu pene; ella aleja tus manos cuando llegas a la cocina y le agarras su busto o le das una nalgada. A ella le encantaría sentarse en el sofá y pasarse la tarde sólo besándote; tú piensas: *¿Para qué quiere ella besarme y excitarse si no quiere tener relaciones sexuales?*

Tú quieres una esposa deseosa; ella quisiera un esposo que no fuera demandante. La lista podría continuar, ya que éstas son diferencias sexuales funcionales y hormonales entre los hombres y las mujeres. A continuación, algunas de ellas:

1. *El efecto de la frecuencia.* Entre más distanciado sea el tiempo entre los encuentros sexuales, un hombre quiere más sexo y más rápidamente avanza hacia la excitación y al desahogo. Lo opuesto le

sucede a la mujer. Entre más tiempo ha pasado desde que ella ha tenido relaciones, menos es su deseo y necesita más tiempo y una mayor conexión para experimentar el placer y una respuesta.

2. *Participación corporal.* Para la mujer, el sexo es más un evento «integral» que un enfoque genital. Es por eso que las mujeres necesitan experimentar conexión y amor para sentirse sexuales; los hombres se sienten sexuales cuando son estimulados y excitados. La respuesta total del cuerpo por parte de las mujeres explica el porqué tienden a variar más entre una experiencia sexual y otra, y entre las sensaciones que tiene cada mujer.

3. *Respuesta orgásmica.* Las mujeres tienen la capacidad, no la necesidad, de responder con orgasmos múltiples o secuenciales. La mayoría de los hombres, sin embargo, necesitan un período de descanso después de la eyaculación antes de que puedan ser estimulados nuevamente a tener otra erección. Eso puede durar entre 20 minutos a 20 horas. El orgasmo de una mujer puede ser detenido en cualquier momento debido a barreras internas, temores, o distracciones externas; una vez que un hombre comienza su proceso de eyaculación, éste no puede ser detenido; sólo puede ser controlado antes de que vaya a eyacular.

> Entre mayor sea el intervalo de tiempo entre las experiencias sexuales, mayor es la brecha entre los hombres y las mujeres para su respuesta y su deseo sexual.

4. *Disfunciones.* Los hombres pueden experimentar dificultad en lograr o mantener una erección o pueden tener problemas con una eyaculación precoz; las mujeres pueden tener presiones e inhibiciones orgásmicas. Probablemente ésta es la razón por la cual los hombres de nuestra cultura tienden a ser más activos durante el sexo que las mujeres, y la excitación está controlada por la sección pasiva del sistema nervioso involuntario autónomo. El orgasmo, mientras tanto, se desencadena cuando la sección activa del sistema autónomo comienza a actuar.

5. *Preparación.* Estamos de acuerdo mayormente con Barry McCarthy, autor de *Male Sexual Awareness (La concientización sexual del hombre)*, cuando dice en una entrevista con Paula M. Siegel que «los hombres funcionan mayormente de manera automática: ellos llegan a la interacción sexual con anticipación, excitados y se frustran cuando su pareja no está igualmente lista para el coito. Ellos miden su satisfacción sexual por la cantidad más que por la calidad. Las mujeres, que necesitan alguna interacción para excitarse, siempre están tratando de alcanzar a su pareja. Las mujeres tienden a enfocarse más en la calidad de su relación que en la cantidad».[4]

> La combinación entre la constancia masculina y la femineidad compleja siempre cambiante es la clave para mantener vivo el sexo en el matrimonio.

Las diferencias entre los hombres y las mujeres nos llevan a un conflicto más grande y a una intriga más intensa. Pensamos que los hombres son más predecibles, fáciles de complacer, no tan complicados, y más básicos. Pensamos que las mujeres son el modelo nuevo y mejorado; después de todo, ellas fueron creadas después del hombre.

Las mujeres son más complejas, menos predecibles. Una mujer es como el océano, siempre cambiante, multidimensional.

Puede que digas: «¿Por qué Dios no hizo a las mujeres más parecidas a los hombres? Sería mucho más fácil».

Nosotros diríamos: «¡Qué aburrido sería!»

Y que impráctico. La combinación entre la constancia masculina y la femineidad compleja siempre cambiante es la clave para mantener vivo el sexo durante el tiempo que uno está casado con la misma persona.

Con cada discusión sobre las diferencias entre los hombres y las mujeres, por supuesto, la gente se dará cuenta de que hay excepciones. Algunas mujeres se identifican con las generalizaciones acerca de los hombres y viceversa. Es importante que tú y tu esposa aprendan *sus* diferencias. En el proceso, haz que esas diferencias te sirvan en vez de obstaculizarte. Comprenderlas es algo vital para resolver los conflictos sexuales y para abrir las avenidas de la pasión en tu matrimonio.

PERMITE QUE EL ESPACIO SEA ALGO NATURAL

La espontaneidad es genial si los resultados te alegran, si trae el amor, la pasión, y la intimidad que tú y tu esposa desean. Para algunas parejas, ésa es la norma.

Para la mayoría, sin embargo, hacer «lo que parece natural» requiere un poco de planificación. Anticipar el estar juntos desarrolla la calidad, y la asignación del tiempo aumenta la cantidad.

En anticipación de ello

¿Te acuerdas cómo planeabas algunas de tus citas más emocionantes? ¿Qué es lo que las hacía especiales?

Probablemente era la atención al detalle, facilitar las mejores condiciones, y anticipar el evento.

Para las parejas casadas, disfrutar una vida de sexo satisfactorio y excitante requiere de preparación. Una buena vida sexual se basa en más que sólo unir dos cuerpos en pasión mutua. Eso puede funcionar en las películas y al principio del matrimonio, pero se basa en suposiciones de que el sexo ocurre por sí solo. La verdad es que *tú eres* quien escoge la calidad y la cantidad de tus experiencias sexuales.

> La anticipación, no la espontaneidad, es la clave a la pasión.

Muchas parejas temen que si planean el sexo no se sentirán «en ambiente». Pero la planificación puede preparar tu ambiente. Si arreglas las condiciones necesarias para ambos, la calidad y la intensidad de sus momentos sexuales aumentarán.

La anticipación le permite a una mujer, especialmente, buscar las condiciones que necesita para un momento íntimo con su esposo.

Planea eliminar o al menos reducir la posibilidad de las interrupciones que acaban con la pasión. Desconecta el teléfono, coloca un letrero en tu puerta para que nadie toque el timbre, asegúrate que los niños estén dormidos o que se queden en la casa de un amigo, dale de comer y cambia al bebé. (Cuando nuestros hijos eran bebés, estábamos seguros de que tenían censores automáticos y que no querían que tuviéramos relaciones sexuales.) Aléjate de las tareas y los pensamientos que puedan preocuparte.

La anticipación también le ayuda a una mujer a ponerse en contacto con su cuerpo y su sexualidad. Fantasear acerca del evento por venir, usar un aceite especial, rasurarse las piernas, recordar experiencias pasadas eróticas contigo, o hacer ejercicio puede hacer que la energía sexual de una mujer se active.

Los momentos de tu vida sexual

¿Con qué frecuencia planeas estar juntos? ¿Qué clase de unión deberías anticipar? A continuación te damos seis sugerencias:

1. *Conexiones diarias.* Aquellas parejas que se conectan físicamente de alguna forma todos los días tendrán relaciones sexuales con más frecuencia y podrán disfrutarlo más cuando lo hagan. Los momentos de conexión diaria pueden suceder cuando se van al trabajo, cuando llegan a casa, después de la cena, en la cama, o en el momento que sea mejor para ambos. Si el contacto físico diario no está sucediendo de manera natural, revisen juntos sus horarios y seleccionen un momento para conectarse.

> Parejas que se conectan físicamente todos los días tendrán relaciones sexuales con más frecuencia y podrán disfrutarlo más.

Los momentos de conexión diaria pueden durar de cinco a quince minutos o más. Utilícenlos para compartir el contenido de cada día, verifiquen cómo va su relación, oren juntos y lean juntos.

Y dense un beso. Celebren sus relaciones con besos. Bésense suave y tiernamente, apasionada y ardientemente. Bésense cuando estén tristes o alegres. Nosotros pensamos que los besos son el barómetro de la intimidad y de la pasión de una pareja. Raramente damos terapia sexual a una pareja que todavía sigue besándose regular y apasionadamente. Pregúntale a tu esposa qué le parecen los besos. Si uno de los dos no está feliz con la forma en que el otro le besa, dedica una noche a demostrarle y a decirle a la otra persona cómo le gustaría que le besara. Dirijan por turnos. Nota que la persona que besa bien usualmente no es muy tosca, ni demasiado tentadora; el beso no es ni muy seco ni muy mojado, se entretiene pero no por mucho tiempo y usa su lengua gentilmente, jugando pero sin forcejear. Intenta ver de cuántas formas puedes besarla.

2. *Rapidines.* Aunque no los recomendamos en medio de los comerciales del noticiero de las once, «los rapidines» son un bocadillo que puede satisfacer a la mayoría de las parejas hasta que llegue el momento de un deleite más nutritivo.

Aunque en general todas las experiencias sexuales deben ser mutuamente satisfechas, los rapidines pueden ser para uno o para el otro, o para ambos. Pueden ser un coito, un orgasmo, una eyaculación, o ninguno de ellos. Nunca violan los deseos del otro; sólo se pueden realizar bajo un acuerdo mutuo. Pueden satisfacer a uno más que al otro, pero sin tomar del otro en un sentido agotador.

> Besarse es divertido, dulce, romántico y la esencia de la pasión; ¡sigue besándola!

Un rapidín puede ser divertido, un deleite en la tarde, un especial al amanecer, o un bocadillo en la cama. Pero no son el pilar de tu dieta sexual. Uno puede sobrevivir con ellos, pero no puede crecer.

3. *Cenas constantes.* Recomendamos que momentos sexuales regulares ocurran alrededor de una vez por semana. Puede ser más o puede ser menos dependiendo de las necesidades de cada persona. Planifica estos encuentros de tal forma que puedan unir sus mundos y sus cuerpos, que puedan disfrutarse mutuamente, que permita la excitación, el descanso y el coito tanto como lo deseen.

Estas «comidas» deben ser satisfactorias para ambos, en momentos cuando ninguno esté fatigado o apurado. Ambos deben ser participantes activos, libres para buscar sus deseos sin violar los del cónyuge, para comunicar verbalmente o en silencio sus gustos y disgustos. Una «cena» semanal en estas condiciones mantendrá la relación viva y en constante ascenso.

4. *Innovación.* Para obtener más variedad, hagan la prueba de tener un tiempo juntos en el cual tengan la libertad de pedir lo que deseen. Cada uno, por turno, escoge de una lista de actividades sexuales favoritas (estén escritas o no). Tú puedes tener «tu» noche y ella puede tener su «noche». O quizás puedan intercalarse quién es el que va a dar placer y quién es el que lo va a recibir.

5. *Nouvelle cuisine.* Muchos restaurantes ahora presentan un platillo ligero presentado de manera creativa. Los sabores son novedosos, el gusto se mantiene y uno termina la comida satisfecho pero sin llenarse. El *sexo nouvelle* es muy parecido. Lo que se busca no es saciar, sino satisfacer mediante sensaciones nuevas y maravillosas y mediante un disfrute visual. Crea tu propia excitación; intenta utilizar ideas de la sección: «Diez maneras de disfrutar el sexo» en el capítulo 11.

6. *Deleites de gourmet.* Una dieta de comidas del gourmet sería demasiado, pero sentirse lleno de vez en cuando es algo que se disfruta.

Ocasionalmente dediquen todo un día o un fin de semana a apreciarse totalmente. Al igual que con los otros encuentros, debe ser algo que se desea

> La fórmula de la asignación del tiempo para un matrimonio exitoso: quince minutos cada día, una noche a la semana, un día al mes, y un fin de semana cada trimestre.

y se disfruta mutuamente. Te darás cuenta que será una experiencia maravillosamente satisfactoria.

En cualquier caso, asegúrate de sacar el tiempo para ello. Nuestra directriz para una relación privada romántica y física es: quince minutos cada día, una noche a la semana, un día al mes, y un fin de semana cada trimestre. Sospechamos que si sigues esa fórmula de conectarte y de cuidar a tu cónyuge, hará que ambos se sientan felices y satisfechos.

NEGOCIA TU RELACIÓN SEXUAL

Algunas veces las buenas relaciones sexuales no suceden de manera natural. Algunas veces querrás descubrir un amor, una pasión y una intimidad más grande en tu matrimonio. Cuando eso sucede, saca el tiempo para identificar cuáles son las diferentes necesidades. Negocia una relación sexual mutuamente satisfactoria. Quizás hasta lo quieras hacer por escrito. Para comenzar, escribe o di individualmente cómo deseas que tu relación sexual sea. Las siguientes son algunas preguntas para contestar:

- ¿Con qué frecuencia te gustaría tener un contacto físico?
- ¿Qué clase de contacto debería ser?
- ¿Quién debería iniciarlo?
- ¿Qué clase de preparación debería de hacerse?
- ¿A qué hora del día es el mejor momento?
- ¿Cuánto deberían durar esos contactos?
- ¿Qué clase de actividades deberían incluirse?

Agreguen cualquier otra cosa que ambos quieran incluir en ese plan de intimidad sexual.

Negociar una relación sexual puede verse como algo muy frío. Pero te sorprenderás de ver lo que se puede lograr en la relación cuando dos personas reconocen cuáles son sus necesidades, son escuchadas y respetadas y cuando hay un plan para que esas necesidades se instituyan.

Ustedes son diferentes, tú y tu esposa. Es irreal, al menos a largo plazo, esperar que las buenas relaciones sexuales ocurran de manera natural sin resolver las diferencias.

Las relaciones sexuales fabulosas en el matrimonio requieren mucho más que una respuesta natural a la pasión. Cuando la llama inicial de una nueva relación se enfría un poco, la transición a una vida sexual satisfactoria más profunda que durará por décadas requiere un enfoque en la relación en general y en la vida sexual específicamente. Esa transición es muy probable que suceda cuando ambos se conocen mutua e íntimamente, cuando ambos se comportan de manera amorosa mutuamente, cuando son confiables, anticipan y planean sus momentos sexuales.

— CAPÍTULO TRES —

SIGUE EL CAMINO DE TU ESPOSA

Joyce caminó hasta el escritorio de Cliff y le dijo: «¡Es tan divertido escribir juntos!» Trabajar como equipo la revitaliza. No quiere decir que Cliff no se beneficie. Pero el compartir, comunicar, y sentirse conectada son cosas básicas de la esencia de una mujer. En el proceso de acoplarse, ella se siente amada.

Todas las personas necesitan ser amadas por Dios y por los demás. Buscar esa intimidad con Dios y con las personas es un esfuerzo que contrarresta nuestro sentido de soledad.

En lo que respecta al matrimonio, los hombres pueden necesitar una conexión tanto como las mujeres, pero para la mayoría, eso *no se siente* como una necesidad. Los hombres tienden a buscar el sexo para cumplir esa necesidad de conexión; las mujeres tienden a buscar la intimidad porque necesitan una conexión para desear el sexo.

Ya que las mujeres sienten la necesidad de una unión íntima más directamente, te recomendamos que «sigas su camino». Serás más feliz, y tendrás mejores relaciones sexuales, cuando vayas en la dirección de tu esposa.

Para hacer eso, necesitarás comprender algunas cosas acerca de las mujeres en general, y de tu esposa en particular.

— 37 —

CONOCE A TU ESPOSA

Cliff creció con su madre, su padre y tres hermanas. Él conocía muchas de las formas en que las mujeres eran diferentes a los hombres. Joyce creció con su padre, su madre, tres hermanos y una hermana. Su comodidad con la diferencia entre los hombres y las mujeres se basaba también en la experiencia.

Hayas o no hayas vivido en una casa con hermanas, tendrás que saber acerca de las mujeres y de cómo difieren de los hombres. Las siguientes son siete áreas que merecen toda tu atención.

1. *El cuidado de las necesidades.* Sólo una mujer puede tener un hijo creciendo dentro de ella. Dios hizo a la mujer con la habilidad de cuidar física y emocionalmente a un feto y un infante. La hizo con hormonas que promueven tendencias al cuidado. Creemos que debido a ese diseño de Dios, las mujeres buscan más el cuidado que los hombres.

> Ya que la necesidad de un hombre de tener conexión no es la misma que la de la mujer, te recomendamos que sigas su camino.

Cuando aceptas el hecho de que tu esposa probablemente tiene un mayor sentido de necesidad de conexión emocional, te librarás de tratar de fabricar necesidades que no tienes. También te librará para responder a las necesidades de ella en sus propios términos. Al responder a sus necesidades de cuidado también tendrás una mayor intimidad sexual.

2. *Patrones hormonales.* Las diferencias hormonales entre los hombres y las mujeres comienzan en el vientre. La hormona masculina de la testosterona debe ser suficiente para hacer que un varón sea un varón, por ejemplo.

El estrógeno y la progesterona controlan muchas de las funciones en las mujeres al igual que la testosterona lo hace en los hombres. Las hormonas femeninas provocan patrones emocionales mensuales y habilidades tales como dar pecho. Entre más comprendas las hormonas femeninas y sus efectos en tu esposa, más fácil será para ti «seguir su camino».

Para ayudarles a ambos a comprender eso, les recomendamos que la mujer mantenga un calendario especial. Cosas para incluir: los días de su ciclo menstrual (si ella todavía está menstruando), un indicador de su estado de ánimo, un indicador de lo alerta que se está de sus necesidades, su interés sexual, su actividad sexual y cuál fue su respuesta, y otros asuntos que te afecten a ti, o a ella, o a tu relación. Debe ser el calendario privado *de ella,* no tu evaluación de ella. Cuando ella se sienta cómoda haciéndolo, ella puede compartir los resultados de su información contigo.

> Acepta la necesidad de tu esposa de sentirse protegida como una necesidad más grande que la tuya.

3. *Deseos emocionales y relacionales.* Una mujer necesita sentirse protegida; ella necesita sentir que es aceptada como persona y que eso es más importante para su esposo que su cuerpo. Cuando ella se siente comprendida y reafirmada, ella buscará la unión sexual con su esposo.

Clasificar los sentimientos es algo difícil para muchos hombres. ¿Cómo puedes saber lo que sucede dentro de tu esposa cuando ni siquiera sabes lo que sucede dentro de ti mismo, especialmente si no parece tan importante?

Comienza por decidir conocer a tu esposa de manera emocional y relacional y luego hazlo de manera consciente. La práctica es necesaria. Escuchar y comprender no son algo natural para ti, pero será muy gratificante. Tu esposa responderá de manera entusiasta, aun cuando tus intentos no salgan muy bien.

Esto puede sonar como un truco, pero no lo es. No hay manera de poder fingirlo por mucho tiempo, y ella se daría cuenta de todas maneras. Cuando la atiendes de manera genuina, ella se sentirá amada, y más abierta e interesada sexualmente.

4. *Necesidades domésticas.* Muchas mujeres no tienen energía para el sexo al final del día; se les ha acabado debido a su día de trabajo,

cuidar la casa, preparar las comidas, criar a los niños, etc. Aunque la ayudes, ella se sentirá agotada, si ella se siente «que es la encargada» de todas esas actividades. Encárgate de algunos de esos compromisos; le quitarás una gran carga de sus hombros y soltarás algo de su energía para que la pueda compartir contigo.

Pregúntale a tu esposa en qué manera puedes ayudarle más. Pon atención a sus sentimientos de presión y tensión, y comunica los tuyos. Negocia un sistema de cuidado mutuo que muestra respeto a las necesidades de cada persona. Ella recibirá tu preocupación como una expresión importante de tu amor.

5. *Espiritualidad.* Averigua lo que es importante para tu esposa para sentirse espiritualmente conectada contigo. Toma el liderazgo en tu relación espiritual si eso funciona con ella. Si es ella la que piensa más en leer la Biblia y orar juntos, apóyala en sus sugerencias. Por otro lado, si se siente presionada espiritualmente por ti, detente. Pregúntale a ella dónde le gustaría empezar.

> **Los hombres buscan la solución del sexo a corto plazo para sentirse armados y conectados; las mujeres buscan una unión sexual cuando se les considera como personas.**

Con frecuencia las mujeres expresan la frustración de la falta de conexión espiritual entre ellas y sus esposos diciendo: «¡Lo único que quiere es sexo!» Más bien, negocia formas de satisfacer tus necesidades por medio de una intimidad espiritual.

6. *Condiciones sexuales.* Todos tenemos condiciones que son necesarias para entregarnos sexualmente. El doctor Archibald Hart escribió en su libro, *The Sexual Man (El hombre sexual)*, que el no esperar por las condiciones correctas en el sexo es la causa principal de los problemas sexuales conyugales.[1]

La mayoría de las personas, sin embargo, no han pensado o definido esas condiciones. Ambos deben disfrutar de hacer eso mutuamente. Las condiciones pueden incluir factores como el tiempo, estado de reposo, limpieza, decidir quién inicia, privacidad y mucho más. Definir esas condiciones reducirá la tensión y el estar suponiendo.

Ella, siendo la mujer, puede que tenga más requisitos que tú. Eso te puede molestar. Los hombres con frecuencia nos dicen: «¿Por qué no sólo *lo hacemos* y punto? Cuando llego a satisfacer todas sus condiciones, ya *no quiero* hacerlo».

Cuando las condiciones se vuelven una demanda, necesitan ser negociadas. La persona que necesita las condiciones debe responsabilizarse por ellas. Cuando las condiciones de cada persona son negociadas, respetadas, atendidas y cumplidas, el sexo puede alcanzar su potencial máximo.

7. *Provocadores sexuales.* Un hombre con frecuencia suele ser «provocado» al ver a su esposa desnuda, desvistiéndose, o usando algo provocativo. Algunas mujeres «entran en este estado», cuando ven a sus esposos de esta manera, pero esto no es lo usual.

Una mirada, una caricia, un cumplido, un beso dado en vez de ser pedido, una disponibilidad sin demandas, tiempo juntos, conversación y mimarse son factores que provocan a la mujer con más facilidad.

> Cuando atiendas a tu esposa genuinamente, el corazón de ella se abrirá ti y su atracción sexual por ti aumentará.

Tu esposa puede saber lo que la provoca sexualmente. Quizás también ella nunca haya pensado en decírtelo, o puede que crea que si tú la amas, tú lo sabrías. El hecho de que ella revele su secreto podría ser un mayor cambio en tu relación sexual. Una vez que sepas esta información, no la utilices para obtener lo que quieres; respétala dándole lo que ella desea.

MUÉVETE EN SU DIRECCIÓN

Conocer a tu esposa es sólo el principio; también necesitas moverte en su dirección.

Comienza «uniéndote a ella» como persona. Este es un proceso diario de 24 horas. No es algo que tú puedes hacer a las 10:40 p.m. para que puedas tener relaciones sexuales a las 10:45 p.m. Es un concepto radical. Puede que no te guste la idea de principio, pero funciona. También es el concepto clave de este libro. Si no te acuerdas de nada más, recuerda esto: si deseas obtener un mayor placer y satisfacción sexual, aprende a escuchar y a seguir la dirección de tu esposa y responder a sus deseos.

¿Por qué funciona de esta manera? Por las siguientes cuatro razones:

Ella es más compleja

Tu esposa es una criatura muy complicada en su manera emocional, hormonal, espiritual, relacional y sexual. La variedad e intensidad de estas características pueden darse en el ambiente sexual por medio de reacciones fuertes e impredecibles, las cuales pueden intimidarte y confundirte.

La complejidad sexual de la mujer se puede ver en la anatomía y en la respuesta sexual. Veamos cada una de ellas.

> **Sexualmente, la mujer tiene partes físicas y respuestas físicas más complejas que las del hombre.**

Anatómicamente, el principal órgano sexual del hombre es el pene; el órgano principal de ella está constituido por sus genitales, el clítoris, los labios, la vagina y otras partes detalladas. El hombre tiene testículos, una glándula próstata, y un tubo que trae el esperma y el fluido seminal a la parte externa del cuerpo, pero el sistema reproductivo de la mujer es más complicado. Ella tiene un útero con ovarios que producen y sueltan óvulos al madurar, además de canales superiores e inferiores de la vagina. El sistema urinario de la mujer está separado completamente de su sistema reproductor.

La respuesta sexual de la mujer sucede en varias formas. Ella tiene más partes físicas que preparar para la experiencia sexual que el hombre, lo que explica de manera parcial por qué le toma más tiempo a ella para excitarse. Externamente, surge una ampliación clitoral, cambios en los labios internos y externos, y la erección de los pezones. Internamente, ella experimenta una ampliación de la tercera parte del exterior de la vagina, y un aumento de las dos terceras partes del interior de la vagina, alejando el útero de tal forma que el pene no lo toque, aparte de otras respuestas internas del órgano. Además tiene dos centros de respuesta orgásmica: contracciones vaginales y uterinas.

Ella es más comprensiva

Para la mujer, el sexo es la experiencia física personal más completa. Para ella es bueno cuando su esposo la atiende en su totalidad, no sólo sus partes sexuales.

De acuerdo con una encuesta de Ann Landers, las mujeres dijeron que si tenían que escoger entre los abrazos y el coito, ellas preferirían los abrazos.

¿Por qué? Porque un abrazo involucra todo el cuerpo, y se conecta con la personalidad.

Ella es más interna

Los genitales masculinos están «allí afuera»; los genitales femeninos están más cerca del cuerpo; están cubiertos y son internos.

Para el hombre, gran parte de su experiencia sexual es externa. Entre más excitado se encuentre, más sobresaliente será su pene. Cuando él eyacula, el semen sale de su cuerpo.

Para una mujer, es totalmente lo opuesto. Aunque su excitación con frecuencia comienza con una estimulación externa, su respuesta es mayormente interna. Hasta las reacciones externas del clítoris y los labios están escondidas. Entre más se intensifica su excitación, los cambios se hacen más internos. Las respuestas más profundas de un orgasmo, las contracciones del útero y la vagina se reportan como pulsaciones que resuenan en lo más interno de su ser y resultan en ondas que abarcan todo el cuerpo.

Ella funciona con dos esquemas mentales

Las personas con frecuencia dicen que la mente del hombre es de un solo esquema, y que casi siempre está pensando en el sexo. La mujer tiene al menos dos, y posiblemente varios esquemas mentales.

Cuando el hombre tiene una erección, es natural estar listo para penetrar y deseoso de llegar a la culminación de la experiencia sexual. Para una mujer la excitación física no significa necesariamente estar lista para proceder. Ella necesita lubricar su vagina y tener una erección en los pezones en los primeros 10 a 30 segundos de la estimulación física inicial, pero eso dista mucho de proceder al coito o al orgasmo.

> **Para una mujer, tanto la excitación física como la preparación emocional son necesarias para que pueda proceder al coito y al orgasmo.**

En otras palabras, su cuerpo puede estar físicamente preparado. Pero emocionalmente, puede que ella no esté receptiva. Ella debe experimentar una unión emocional y conectarse con su esposo antes de que ella se sienta preparada para abrirse a él, para aceptarlo dentro de ella y unirse en esa forma profunda de una sola carne.

Este sistema de dos áreas puede ser muy difícil de comprender para un hombre. Pero si vas a ser sensible con tu esposa y satisfacer sus necesidades, lo aceptarás. Le darás tiempo y buscarás las condiciones para que esas dos áreas sean satisfechas, la conexión emocional y la respuesta física.

Moverse en la dirección de tu esposa añadirá una mayor riqueza a tu experiencia sexual. En contraste, cuando ella trata de sincronizarse contigo, eso sólo le trae vacío. Deja que ella marque el paso, y ambos estarán listos para proceder con un sentido de unidad.

ELLA ESCUCHA SU CUERPO;
TÚ, ESCÚCHALA A ELLA

Algunos dirían que el rey Salomón era el mejor amante de todos los tiempos. Leer la poesía de amor del Cantar de los Cantares te ayudará a encontrar un modelo de cómo funciona mejor el sexo cuando un esposo deja que su esposa ponga los límites de velocidad.

Por qué Salomón cantó

Salomón habla de los maravillosos atributos de su esposa. Él halaga y exalta cada detalle de la belleza de su esposa con un elogio: «Toda tú eres hermosa, amiga mía y en ti no hay mancha» (Cantar de los Cantares 4.7).

Él adora su cabello, sus mejillas, sus labios, sus ojos y su vientre. Él utiliza un lenguaje simbólico para describir lo que disfruta de las áreas sexuales de ella. Él se deleita en cada aspecto de la sexualidad y la personalidad de ella.

¿Qué produce esto en ella? Enciende su pasión. Ella quiere que él se acerque más; lo invita a que saboree los frutos sexuales de su cuerpo:

> Levántate, Aquilón, y ven, Austro; soplad en mi huerto, despréndanse sus aromas. Venga mi amado a su huerto, y coma de su dulce fruta. (Cantar de los Cantares 4.16)

Ella lo invita a su propio ritmo y le pide el grado de participación física que ella desea. Él responde a su invitación:

> Yo vine a mi huerto, oh hermana, esposa mía; he recogido mi mirra y mis aromas; he comido mi panal y mi miel, mi vino y mi leche he bebido. (Cantar de los Cantares 5.1)

¡Caramba!

La fórmula

A Salomón le funcionó de la siguiente manera, y también te puede funcionar a ti:
1. El esposo adora a su esposa.
2. Al sentirse adorada, su pasión se enciende y lo invita a él sexualmente.

Este es otro concepto principal, la clave de una vida sexual duradera y satisfactoria.

Recuerda tus días de cortejo. Probablemente tenías una gran cantidad de elogios para tu prometida, y ella respondía a ellos. El deseo de ella por ti te hacía sentir bien, lo cual resultaba en tu expresión de más sentimientos positivos hacia ella. Asimismo, ella deseaba más. Dentro de los límites que ustedes dos tenían, su respuesta y su interés te dejaban muy satisfecho.

Este sistema de respuesta positiva no tiene que detenerse cuando uno se casa. Puede continuar toda la vida. La afirmación mutua surgirá mientras tú la adores, y ella te invite.

> La fórmula: el esposo adora a su esposa; la reafirmación de él enciende la pasión de ella, y ella lo invita sexualmente.

Una vez conversamos con un hombre que tenía un ministerio a nivel nacional. Él era muy bueno para saber cuál era el pulso de la iglesia y sabía cómo ayudarle a que tuviera un mayor significado y perspectiva.

No obstante su esposa se sentía sola, abandonada, desatendida. Debido a su falta de atención, ella raramente se interesaba en el sexo. No habían tenido relaciones sexuales en casi seis meses.

Le sugerimos a él que practicara con ella lo que hacía con las congregaciones: que analizara lo que ella estaba experimentando y que se lo comunicara. Poco a poco él empezó a moverse en esa dirección, y en tres días ella lo estaba invitando a tener relaciones sexuales.

¿Por qué? Porque ella notó el deseo que él tenía de escucharla y de conectarse con ella.

Toda mujer necesita saber que su esposo está interesado genuinamente en ella, su vida y sus sentimientos. Sentirse apreciada es mejor que recibir flores o chocolates. El interés sexual surge como resultado.

Libera a tu esposa para que ella disfrute

Tus elogios desarrollarán en tu esposa una confianza en su propia sexualidad. Eso trae como resultado que ella se sienta libre de recibir.

Para que la experiencia sexual sea buena para ambos, la mujer tiene que estar libre para disfrutar las caricias, el placer, la excitación y la pasión. Luego ella puede buscar lo que necesite. Cuando lo tiene, no como una demanda, sino como una invitación, estará feliz y tú también. ¡Nadie pierde! Es una situación donde todos ganan.

Si tu esposa tiene dificultad para recibir, tu quizás quisieras que existiera un interruptor que se pudiera encender dentro de su cuerpo. Te guste o no, ese interruptor está en su cerebro.

Si ella cree que su deber es darte placer en lugar de recibirlo, ella necesitará ayuda para poder experimentar su propio placer. Lograr ese cambio requiere de tiempo; piensa en ello como una meta a largo plazo. Durante los siguientes dos años, ambos pueden esforzarse en ayudar a que ella se sienta orientada a disfrutar su propia satisfacción más que pensar en complacerte. ¡Te gustarán los resultados!

Llevando el ritmo

Cantar de los Cantares describe a la esposa dirigiendo la experiencia sexual. Ella dice en el versículo tres del capítulo 5: «Me he desnudado de mi ropa... He lavado mis pies». Ella prepara su cuerpo, busca a su marido, invita sus caricias y que entre a su cuerpo. Excitada por los elogios de él hacia ella, describe su lubricación vaginal (Y mis dedos mirra, que corría) y su cuerpo se abría a él.

En nuestros seminarios para matrimonios, casi todas las mujeres hacen gestos de entusiasmo cuando decimos que el hombre debe ir más despacio. Tal como lo enfatizaba una canción popular, toda mujer ama a un hombre que tiene una «mano lenta».

Sexualmente hablando, los hombres por lo general se mueven más rápido que las mujeres. Pero el hombre debe mantener su ritmo más lento que el de su esposa, en la intensidad y en la actividad. Una pareja comparaba esto a montar bicicleta juntos; ilustrando como el esposo siempre mantenía su bicicleta detrás de la de ella.

La necesidad de la mujer de llevar el ritmo y guiar la caricia es vital en lo que respecta a la estimulación clitoral. La mayoría de los hombres son demasiado directos. Las mujeres generalmente prefieren una caricia ligera, no directamente sobre el clítoris, sino sobre su cubierta, tocando el vello púbico, o los labios internos.

> **Ambos ganan cuando ella aprende a escuchar a su cuerpo y buscar lo que necesita.**

El tipo de caricia que una mujer desea puede cambiar de un día para el otro, o de un momento a otro, por lo tanto tu esposa necesita enseñarte y guiarte. Entre más excitado te encuentres, es más fácil que lo olvides y la toques con la velocidad y la intensidad que tú prefieres. Si le permites que ella te guíe, tu tendencia a hacer las cosas de prisa cambiará.

Para hacer esto, tu esposa debe sentirse libre para escuchar cuáles son sus necesidades y contártelas a ti. Anímala a que ella use palabras al igual que señales no verbales para comunicar sus necesidades. Puedes empezar haciendo que te enseñe cómo complacerla con la clase de caricia y de ritmo que ella desee. Ella puede guiarte moviendo su cuerpo o tus manos. Entre más seguro te sientas, aceptarás esto no como una crítica, sino como la prueba de que ella se siente libre para buscar el placer. Con el tiempo, ella probablemente no necesitará guiarte con tanta frecuencia.

Te sugerimos que pruebes dos ejercicios. En ambos casos, siéntate con tu espalda contra el respaldar de la cama; ella se sienta entre tus piernas con su espalda en tu pecho.

En el primer ejercicio, ella te enseña tomando tus manos con las de ella y usando sus manos para complacer su cuerpo. En el segundo ejercicio, ella te habla constantemente mientras tú la complaces; ella te va describiendo lo que ella siente y piensa. Pueden cambiar de posición, tu espalda tocando el pecho de ella y así puedes enseñarle acerca de ti. Diseña tus propias versiones de estas herramientas de aprendizaje. Una vez que hayan logrado esa habilidad de comunicación abierta sobre los gustos y disgustos sexuales, ella se sentirá más libre para pedirte que satisfagas sus necesidades durante los momentos sexuales.

Asuntos de cuidado

La velocidad no es el único asunto relacionado con acariciar a tu esposa de la forma en que ella prefiere. Hay otras cuatro cosas que debes tener en cuenta:

1. *Caricias en círculos*. Los hombres tienden a acariciar en línea recta. Pero a las mujeres les gusta generalmente ser acariciadas en movimientos circulares.

Es similar a sus estilos de comunicación. Los hombres tienden a ser directos; las mujeres tienden a dar rodeos en torno al punto principal.

Cuando Joyce le cuenta a Cliff sobre algún acontecimiento, una compra, o un sentimiento, Cliff generalmente dice: «Anda al grano». Eso le molesta a Joyce; a ella le gusta decirle todo lo que *sucedió para explicarlo*

> **CONCEPTO CLAVE:**
> **sigue el ritmo**
> **de tu esposa en la**
> **actividad y la**
> **intensidad sexual.**

antes de *llegar al grano*. Ella da rodeos en torno al punto principal en lugar de ir directo al grano.

El doctor John Gray denotó esa diferencia entre los hombres y las mujeres:

Las mujeres disfrutan más la conversación cuando no necesitan ser directas. Muchas veces, para relajarse o para acercarse más a alguien, les gusta andar con rodeos por un rato y gradualmente descubrir lo que quieren decir. Esta es una metáfora perfecta de cómo una mujer disfruta el sexo. A ella le encanta cuando un hombre se toma el tiempo y da rodeos por un rato antes de llegar al punto.[2]

Cuando acaricias a tu esposa, intenta utilizar el movimiento circular. Sigue su diseño corporal. Estimúlala para que te pida una caricia circular cuando vuelvas a caer en la caricia lineal.

2. *Limita la caricia en el mismo lugar.* ¡No la gastes! El hombre tiende a quedarse en un solo lugar mucho tiempo. Encuentra un lugar que funciona y luego lo frota hasta que se entumece. Haz que tu esposa desee más y no que quiera más bien alejarse de ti. Es mucho mejor irse cuando ella quiere más que quedarse hasta que ella desee que no estés allí.

3. *Piensa en el cambio.* Una caricia que funcionó la última vez, quizás no funcione esta vez. Tal imprevisión es una frustración común para los hombres; ellos quieren resolver las cosas, encontrar la respuesta. La tensión se puede agravar cuando tu esposa rechaza una caricia que una vez le produjo una respuesta positiva.

Acepta esto como un ingrediente que hace que tu vida sexual sea interesante. Las fluctuaciones de una mujer hacen que las cosas no sean rutinarias. Su cambio es otro motivo por el cual es esencial seguir su ritmo.

4. *Incítala con una promesa.* Una caricia incitadora tiene su lugar en la experiencia sexual, pero debe ser algo positivo para ambos. No debe ser a costa tuya o de ella, de lo contrario causará frustración.

Una caricia incitadora hace que la otra persona desee más, como oler las galletas de chocolate que se están cocinando en el horno. Causa anticipación. ¡Es una promesa!

La incitación sexual invita a la satisfacción; no a la retención. Da rodeos, en lugar de ir directo a los puntos clave. Desarrolla la intensidad del placer al moverte a una estimulación erótica y luego alejarte.

Entretanto que disfrutas de acariciar el cuerpo de tu esposa, deambula por sus pezones, su clítoris o su vagina sin ir directamente allí. Acércate, luego da vueltas en círculos acariciando otras partes del cuerpo. Al irse acercando al busto o a los genitales nuevamente, hazlo con las caricias más suaves. La próxima vez que toques esas áreas, mantente allí por un poco más de tiempo.

> Los hombres tienden a acariciar en línea recta; a las mujeres les gusta ser tocadas en movimientos circulares.

Puedes hacer una pausa por diez segundos a la mitad de la penetración, pero no al punto de frustrarla. Si la pausa ocurre cuando su nivel de excitación ha logrado su punto máximo, eso puede hacer que su deseo sea aún mayor. Hacer una pausa cuando ella está aumentando su excitación puede parecer como si estuvieras deteniéndote. El propósito de la caricia incitadora es hacer que ella te desee más.

Recordar sus necesidades

Las mujeres se frustran con los hombres porque ellos no se acuerdan. Una esposa puede estar convencida de haberle dicho cien veces a su esposo lo que a ella le gusta sexualmente; pero él no hace lo que ella le pide. Sin embargo él se queja de no saber lo que ella quiere.

¿Por qué? Nosotros creemos que la memoria del hombre se encuentra en proporción inversa a su excitación. Un amigo sugirió que su sangre ya no está en el cerebro. Con la excitación, la sangre deja el cerebro y va a donde no hay memoria.

Hay dos verdaderas razones por las cuales las esposas creen que sus esposos deben saber lo que ellas quieren y por las cuales los esposos parecen no saber.

Primero, los esposos tienen dificultad en creer y recordar que el deleite sexual de sus esposas es diferente al de ellos.

Segundo, a las esposas les cuesta mucho responsabilizarse de mantener informados a sus esposos sobre sus deseos y sus necesidades sexuales. Cuando las mujeres creen en el mito de que los hombres son expertos sexuales, ellas tienen la fantasía de que un verdadero esposo amoroso las hará volar por las nubes. El caballero con brillante armadura será el que logre excitarla. Cuando eso no ocurre, ellas se sienten decepcionadas de tener que decirle lo que quieren.

> **Uno no puede saber si lo que funcionó la última vez funcionará esta vez.**

Los dos pueden invertir esas inclinaciones. Tú puedes reconocer que lo que es natural para ti no es necesariamente natural para ella. Ella puede darse cuenta de que no hay forma de que sepas cuáles son sus caprichos en un determinado momento.

Si tú escuchas y ella comunica sus necesidades, tú te acordarás. Ella estará feliz, y la intimidad aumentará.

Una palabra de precaución

Cuando hablamos acerca de seguir el ritmo de tu esposa, no quiere decir que debas ser pasivo o te cierres a tu propia sexualidad. Es importante que sigas escuchándote a ti mismo y que expreses tus deseos con afirmación y sin demandas.

La dirección de tu esposa no le da permiso para que no se preocupe por ti. Su sensibilidad al dirigir es tan importante como tu sensibilidad para permitirle que ella dirija. Su deber es marcar el paso, aprender a recibir placer, y a buscar su propia sexualidad contigo.

PARA QUE SEA GENIAL, EL SEXO DEBE SER BUENO PARA AMBOS

Al dedicarte a tu esposa, deleitarse en ella, hablar con ella, acariciarla, y moverte a su ritmo, ella responderá en formas que harán que el sexo sea mejor de lo que tú alguna vez te hayas imaginado.

Las relaciones sexuales sin esa clase de intimidad también son posibles, por supuesto. El sexo con prostitutas, o por medio de imágenes en la Internet están en esa categoría, pero las relaciones sexuales que hacen que dos personas se enlacen en una unión de amor de manera profunda y duradera, donde hay pasión y gozo, se encuentran sólo en el matrimonio.

Para que sea genial, el sexo tiene que ser tan bueno para ella como para ti. Eso sucede cuando tú te mueves en su dirección.

Si lo dudas, sólo tienes que intentarlo un par de meses. Quizás te sorprendas.

CAPÍTULO CUATRO

TUS DERECHOS: ¿TE PERTENECEN A TI LOS DERECHOS DE TU ESPOSA?

Algunos hombres piensan que cuando la mujer se casa, ellos llegan a ser dueños de los cuerpos de sus esposas. El siguiente es un ejemplo extremo en un artículo del periódico *Los Angeles Times*:

> Cuando Ramiro Espinosa utilizó un cuchillo de mesa para abrir la puerta del dormitorio del ático de su esposa y luego demandarle a ella tener relaciones sexuales, él pensaba que tenía a la Iglesia Católica de su lado.
>
> Pero cuando intentó utilizar eso la semana pasada como defensa en contra de los cargos de intento de violación y abuso doméstico, no le funcionó. Los oficiales de la Iglesia Católica dijeron que él estaba equivocado y fue sentenciado a un año en la cárcel del condado.
>
> «La gente ha estado arrastrando la religión a sus dormitorios durante siglos», dicen los terapeutas sexuales Clifford y Joyce Penner, quienes son conocidos como los «Master y Johnson» cristianos.
>
> «En el Nuevo Testamento, el debate generalmente se centra alrededor de un pasaje que escribió el apóstol Pablo en la primera carta a los corintios: «El marido cumpla con

la mujer el deber conyugal, y asimismo la mujer con el marido. La mujer no tiene potestad sobre su propio cuerpo, sino el marido; ni tampoco tiene el marido potestad sobre su propio cuerpo, sino la mujer. No os neguéis el uno al otro».[1]

Tú le das el tuyo; ella te da el de ella

Esos versículos son instrucciones para la vida, que deben ser aplicados de manera personal. No deben ser utilizados como justificaciones para juzgar o demandar. Algunos hombres utilizan 1 Corintios 7.3-5 para insistir en sus derechos sexuales, o para culpar a sus esposas por no cumplir su «deber cristiano de esposa».

He aquí lo que en realidad dice el pasaje:

> Que el marido cumpla su deber con su esposa, y de la misma forma la esposa con el marido. La esposa no tiene autoridad sobre su propio cuerpo, sino más bien el esposo; y de la misma forma el esposo no tiene autoridad sobre su propio cuerpo, sino su esposa. No se priven el uno del otro, a menos que sea mediante un acuerdo para dedicarse a la oración, y únanse de nuevo para que Satanás no los tiente debido a su falta de autocontrol.

Es una guía de lo que *puedes* hacer para tener una mejor relación sexual, no son municiones para una batalla en pos de lo que Dios quiere que tu *cónyuge* haga.

La mejor manera de obtener una satisfacción sexual es darse cuenta de que tu cuerpo no es solamente tuyo, sino que también es de tu esposa. No se retengan mutuamente; dense libremente el uno al otro al igual que Cristo se dio por la iglesia y desea que la iglesia se de por él.

LA MANERA DE AMAR A TU ESPOSA

¿De qué manera puedes tú amar a tu esposa como Cristo amó a la iglesia? Parece imposible. Pero el apóstol Pablo nos da estas palabras de ánimo:

No que lo haya alcanzado ya, ni que ya sea perfecto; sino que prosigo, por ver si logro asir aquello para lo cual fui también asido por Cristo Jesús. Hermanos, yo mismo no pretendo haberlo ya alcanzado; pero una cosa hago: olvidando ciertamente lo que queda atrás, y extendiéndome a lo que está delante, prosigo a la meta, al premio del supremo llamamiento de Dios en Cristo Jesús. (Filipenses 3.12-14)

Tú no puedes amar de manera perfecta a tu esposa como Cristo amó a la iglesia. Pero la meta te ofrece un estándar hacia el cual te puedas dirigir.

Un liderazgo de siervo

Tú eres la cabeza de tu esposa, así como Cristo es la cabeza de la iglesia. Este concepto de dirección se presenta en Efesios 5.22-27:

Las casadas estén sujetas a sus propios maridos, como al Señor; porque el marido es cabeza de la mujer, así como Cristo es cabeza de la iglesia, la cual es su cuerpo, y él es su Salvador. Así que, como la iglesia está sujeta a Cristo, así también las casadas lo estén a sus maridos en todo. Maridos, amad a vuestras mujeres, así como Cristo amó a la iglesia, y se entregó a sí mismo por ella, para santificarla, habiéndola purificado en el lavamiento del agua por la palabra, a fin de presentársela a sí mismo, una iglesia gloriosa, que no tuviese mancha ni arruga ni cosa semejante, sino que fuese santa y sin mancha.

El liderazgo de siervo incluye características exhibidas por Cristo:

1. Él estaba preparado para servir.
2. Él no evitaba los desafíos difíciles.
3. Él cedió sus derechos por nosotros.

Cede tus derechos

Tienes derecho a la satisfacción sexual con tu esposa; también tienes el deber de amar a tu esposa como Cristo amó a la iglesia. Cristo tenía el derecho de quedarse con Dios el Padre; Él cedió ese derecho por un tiempo debido al amor por su iglesia:

> Nada hagáis por contienda o por vanagloria; antes bien con humildad, estimando cada uno a los demás como superiores a él mismo; no mirando cada uno por lo suyo propio, sino cada cual también por lo de los otros. Haya, pues, en vosotros este sentir que hubo también en Cristo Jesús, el cual, siendo en forma de Dios, no estimó el ser igual a Dios como cosa a que aferrarse, sino que se despojó a sí mismo, tomando forma de siervo, hecho semejante a los hombres; y estando en la condición de hombre, se humilló a sí mismo, haciéndose obediente hasta la muerte, y muerte de cruz. (Filipenses 2.3-8)

A veces tendrás que ceder tu derecho a tener una satisfacción sexual para poder amar a tu esposa como Cristo amó a la iglesia. Considera la observación de George Gilbert en el libro *Men and Marriage* (*Hombres y matrimonio*):

> Son los hombres los que hacen el mayor sacrificio. Los hombres renuncian a su sueño de libertad sexual a corto plazo y autosatisfacción —su sexualidad masculina y su autoexpresión— para servir a una mujer y a una familia durante toda una vida. Es un hecho traumático renunciar a su deseo más profundo, su tendencia a cazar y perseguir, a la motocicleta y al camino abierto,... y a las emociones inmediatas... Este sacrificio masculino... es esencial para la civilización.[2]

Tiene un ligero parecido a lo que hizo Cristo por la humanidad.

Cuidando los intereses de ella

Para amar a tu esposa como Cristo amó a la iglesia, tienes que considerarla más importante que ti mismo; tienes que considerar sus necesidades sexuales más importantes que las tuyas. El resto del pasaje de Efesios 5 es un buen recordatorio:

> Así también los maridos deben amar a sus mujeres como a sus mismos cuerpos. El que ama a su mujer, a sí mismo se ama. Porque nadie aborreció jamás a su propia carne, sino que la sustenta y la cuida, como también Cristo a la iglesia, porque somos miembros de su cuerpo, de su carne y de sus huesos. Por esto dejará el hombre a su padre y a su madre, y se unirá a su mujer, y los dos serán una sola carne. Grande es este misterio; mas yo digo esto respecto de Cristo y de la iglesia. Por lo demás, cada uno de vosotros ame también a su mujer como a sí mismo; y la mujer respete a su marido. (5.28-33)

Así es que cuando tú le digas a tu esposa que te gustaría tener relaciones sexuales y ella prefiera sentarse, charlar y abrazarte, ¿qué vas a hacer?

Tal como lo sugerimos en el capítulo anterior, cuando sigues su dirección, sacas a relucir lo mejor de su sexualidad. ¡Así que charla y abraza! Pero no puedes ponerte a charlar y abrazar a tu esposa con la expectativa egoísta de que de esa forma obtendrás lo que quieres. Así no funciona.

Cuando verdaderamente renuncias a tus deseos, tus necesidades más profundas se satisfacen. Cristo no se vació a sí mismo y murió en la cruz para ser exaltado; pero eso fue precisamente lo que pasó:

> Por lo cual Dios también le exaltó hasta lo sumo, y le dio un nombre que es sobre todo nombre, para que en el nombre de Jesús se doble toda rodilla de los que están en los cielos, y en la tierra, y debajo de la tierra. (Filipenses 2.9-10)

Cuando dejas de enfocarte en lo que desesperadamente deseas, cuando pones más atención a las necesidades de tu esposa, el resultado será la satisfacción sexual.

Prepárate para ella

Ser un esposo como Cristo significa ser de la misma forma en que Cristo, el novio, es con la iglesia, su novia. Cuando la Biblia habla acerca de Cristo viniendo por su esposa (Apocalipsis 21–22), lo describe llegando en toda su gloria con ejércitos en ropas blancas. Muy probablemente no te acercarías a tu esposa de esa forma (aunque eso traería buen humor a una situación tensa). No obstante, prepararse para ella puede reflejar amor por ella de la forma en que Cristo ama a la iglesia.

Las siguientes son tres sugerencias prácticas de esa preparación:

1. *Prepara tu cuerpo.* Durante una experiencia sexual, tú y tu esposa comparten sus cuerpos de la manera más íntima. Entrar en la relación con un cuerpo bien cuidado demuestra tu interés y produce una respuesta positiva.

> Así como entregar tu cuerpo a tu cónyuge para que lo disfrute es de lo más deleitante, demandar los derechos a tener el cuerpo de la otra persona es de lo más agobiante.

Recomendamos que te bañes antes de tener relaciones sexuales, no porque creamos que los genitales sean una parte sucia del cuerpo; no lo son. Tener un cuerpo limpio significa deshacerse del olor y el sudor del cuerpo y asegurarse de que huelas y te sientas bien cuando te toquen. Ducharse o bañarse juntos puede ser una manera de acercarse mutuamente al inicio de la relación.

Lavarse los dientes y rasurarse antes de las relaciones sexuales hacen que el besarse sea algo más placentero. Uno de los esposos a menudo dice que el mal aliento es la razón por la cual la pareja ha dejado de besarse apasionadamente; sin embargo, ese cónyuge quizás nunca le haya dicho al otro que el problema era la halitosis. Ya que los besos apasionados son la clave para tener una vida sexual vibrante, los cónyuges necesitan ser honestos mutuamente con respecto a su aliento.

2. *Prepara tu mente.* Al cerebro se le llama con frecuencia el principal órgano sexual ya que controla la respuesta, las actitudes y los sentimientos. Tu mentalidad afectará todas las interacciones sexuales, y cada vez será diferente. Lo que sucede en las horas previas a las relaciones, cómo te sientes, la temperatura y la apariencia del cuarto, moldeará todo el tiempo que pasen juntos.

Fíjate bien en lo que traes a la cama conyugal y cómo eso puede mejorar o traer distracción al tiempo con tu esposa. Imagina cómo quisieras estar con ella. Analiza su punto de vista. Dediquen un tiempo para hablar acerca del estado mental de ambos y de lo que les gustaría a cada uno.

3. *Prepara tu espíritu.* Tener relaciones sexuales es hacerse uno, no sólo de manera física y emocional, sino también espiritual. Dedica un tiempo para quitar las barreras que hayan en tu relación con Dios y busca llenarte de nuevo. Podrás entregarte mejor a tu esposa, y aceptar y disfrutar lo que ella te da.

Probablemente te darás cuenta que comenzar con una conexión espiritual ampliará la profundidad de tu unión sexual. Trata de dedicar un momento para leer un pasaje bíblico y orar juntos. Agradézcanle a Dios por su experiencia sexual y pídanle que les dé todo el gozo y deleite que desea que ambos tengan al convertirse en una sola carne.

> El matrimonio es una licencia para la libertad sin demandas;
> el matrimonio no es una licencia para poseer y controlar.

Da más

Cristo se dio a sí mismo por Su iglesia. No se debe dar con la intención de recibir, sin embargo el dar generalmente es gratificante.

Esto es especialmente cierto en el ambiente sexual. No solamente puedes aprender a recibir placer a través del acto mismo, sino también al entregarte a tu esposa, sirviéndola y cuidándola, lo cual resultará en que ella desee darse a ti. De la misma forma en que demandar agobia, dar produce energía.

Disfruta de tus derechos y responsabilidades de tu relación sexual. Aprende a dar tu cuerpo libremente a tu esposa sin demandar que haya una respuesta por parte de ambos. Al dar sin esperar nada a cambio, recibirás.

Yo soy de mi amado, y conmigo tiene su contentamiento. Ven, oh amado mío, salgamos al campo, moremos en las aldeas. Levantémonos de mañana a las viñas; veamos si brotan las vides, si están en cierne, si han florecido los granados; allí te daré mis amores. (Cantar de los Cantares 7.10-12)

CAPÍTULO CINCO

EL SEXO NO ES UN DEPORTE DE EXPECTADORES

«¡Esto no es divertido! ¡Los de ella no funcionan! ¡No hay ninguna respuesta! Lo único que puedo decir es: ¡Qué vergüenza! ¡Es un desperdicio!» exclamó Mark.

Él se sentía frustrado con el hermoso cuerpo de su esposa porque ella no se excitaba fácilmente o de manera consistente cuando él estimulaba los genitales de ella. Tenía dificultad en disfrutar la intimidad con ella; él se fijaba en la respuesta que pudiera producir en ella.

Fijarse en el resultado en vez de enfocarse en disfrutar de sus cuerpos y del placer de estar juntos interferirá con *obtener* el resultado.

Funciona de la siguiente forma:

Si eres un fanático del equipo de béisbol los Medias Rojas, disfrutas cuando ves jugar a tu equipo. Tu cuerpo y tus emociones reaccionan a los momentos buenos y malos del partido. No sientes ninguna presión de jugar.

> Cuando te encuentras mentalmente observando las cosas desde afuera mientras estás participando en el juego de sexo, perderás.

Pero si juegas en la liga de béisbol de tu iglesia y te fijas en ti mismo con ansiedad mientras vas a batear, criticando tu propio bateo y tu posición, tu gozo se evapora y tu actuación es muy probable que decaiga. El sexo es algo parecido. Monitorear «cómo te va» generalmente interfiere con tu respuesta en lugar de mejorarla.

OBSERVÁNDOTE A TI MISMO

Llegas a casa del trabajo un viernes en la noche. Has tenido una larga semana. Sientes la tensión entre tu esposa y los niños cuando entras. La niñera llegará en pocos momentos y así tú y tu esposa podrán salir a cenar, para luego escabullirse al cuarto de atrás sin que los niños sepan. Sin embargo, no lo estás esperando con anticipación. Las relaciones sexuales no han estado funcionando muy bien últimamente; tratas de entrar en ello pero rápidamente pierdes tu receptividad. Empiezas a preocuparte de tu ejecución.

Estás convirtiéndote en un *espectador*. Te has salido de la experiencia, has comenzado a observar la respuesta de tu cuerpo y eso te ha dañado a ti y a tu tiempo con tu esposa.

La respuesta no es tan importante como la diversión que tú y tu esposa puedan tener y el amor que sientan cuando están juntos. Pero puede ser difícil convencerte a ti mismo de eso.

Una vez que la posición de espectador se ha convertido en un hábito, tiende a controlar lo que piensas y sientes. Interrumpe el fluido natural. Comienzas a demandarte más para hacer que tu cuerpo funcione; entre más presión y preocupación sientas, más serán las probabilidades de que tu anatomía no quiera cooperar.

Para que las relaciones sexuales funcionen, necesitas soltarte emocionalmente. No es bueno pensar cómo está funcionando el cuerpo, cualquiera que sea la razón.

Algunas veces la razón es tan simple como el tener expectativas poco realistas. Por ejemplo, una mujer puede venir a quejarse de la falta de control de eyaculación de su esposo. Descubrimos después que ella espera que él pueda penetrarla vigorosamente por veinte minutos sin parar ni eyacular, algo imposible para la mayoría de los hombres. Su expectativa poco realista ha hecho que él se sienta más y más intranquilo.

Otra mujer puede pensar que su esposo de edad media debe ser capaz de penetrar, eyacular y ser nuevamente estimulado para tener otra erección sin ningún periodo de descanso. La mayoría de los hombres requieren de veinte minutos a veinte horas para realizar ese proceso.

O el hombre que se queja de no tener ningún deseo sexual, porque espera entrar en la experiencia sexual ya erecto. Él se equivoca al igualar la excitación con el deseo, sin darse cuenta que lo último generalmente precede a lo primero.

Es por eso que tu sistema reproductor puede que no sea el problema. La fatiga, la enfermedad, la tensión, la distracción, la culpabilidad, una esposa criticona, la ansiedad, la depresión y los medicamentos pueden interferir con las respuestas naturales del cuerpo y hacer que empieces a fijarte en ti mismo.

Ocho maneras de detener el hábito de ser un espectador

Sin importar cuál haya sido la razón de su inicio, tú puedes romper el hábito de ser espectador quitando todas las demandas que exijan tu reacción y enfocándote más bien en el placer. Para convertirte en un participante activo y dejar de fijarte en ti mismo trata de tomar los siguientes pasos:

> El secreto para dejar de ser un espectador: quitar todas las demandas que exijan tu reacción y enfocarte más bien en el placer.

1. *No insistas en el coito.* El sexo no es lo mismo que el coito. Tal como lo escribe el doctor Warwick Williams: «Hacer el amor significa literalmente eso: interactuar física y emocionalmente... La excitación, el coito, el orgasmo o la eyaculación no son esenciales, sino sólo posibles opciones al hacer el amor».[1]

Dejar de llegar a experimentar el coito o el orgasmo por un tiempo, no como castigo, sino como refrenamiento personal, puede enseñarte a saborear las sensaciones maravillosas del momento en lugar de enfocarte en los «resultados».

2. *Vuelve a definir lo que son las buenas relaciones sexuales.* No permitas que tu definición del «éxito» dependa de las respuestas involuntarias de tu cuerpo que no están bajo tu control. El doctor Bernie Zilbergeld lo dijo muy bien en su libro *The New Male Sexuality* (La nueva sexualidad masculina): «Usted tiene buenas relaciones sexuales si se siente bien consigo mismo, con su pareja y con lo que está haciendo. Y después, disfrutas de un buen tiempo de reflexión».[2]

3. *Acepta que la ansiedad sexual es normal.* Prácticamente todos los hombres tendrán alguna ansiedad sexual en algún momento de su matrimonio. Los jóvenes recién casados estarán preocupados de experimentarlo. Muchos hombres están preocupados por el tamaño de su pene. Otros se sienten nerviosos de satisfacer a sus esposas. Los hombres de edad madura quizás se preocupen por las erecciones y las eyaculaciones.

Cuando aceptas que la ansiedad es algo normal, es mucho menos probable que te abrume. Te das cuenta que otros han sobrevivido y tú también podrás hacerlo.

4. *Define tus condiciones para las relaciones sexuales.* Si necesitas estar libre de cualquier ansiedad antes de involucrarte en algún contacto sexual con tu esposa, díselo. Quizás necesitas sentirte descansado o seguro y conectado de manera positiva con tu esposa. Es razonable pedir que el momento sexual no tenga demandas o expectativas poco realistas.

5. *Evita evaluar las respuestas físicas.* Entréguense completamente. Habla con tu esposa acerca de cuánto disfrutas su cuerpo; eso sirve de gran reafirmación y distracción.

6. *Enfócate en las sensaciones placenteras.* Empápate de las caricias hacia ella y de las que ella te da a ti. Disfruta su cuerpo, y permite que ella disfrute el tuyo de la misma forma. Experimenta una variedad de caricias, escoge objetos de diferentes texturas, como la

seda, las plumas, etc. Utiliza tu pene como una brocha que traiga placer a los genitales de ella sin penetrarla.

7. *Habla de tus temores.* Una manera de desactivar los pensamientos negativos es expresarlos tan pronto como estés consciente de ellos. Por ejemplo, supongamos que tú y tu esposa se están preparando para tener contacto sexual. Tú piensas *¿y si me va mal esta noche?* Díselo inmediatamente. Verbalizar los temores ayuda a romper el control que un pensamiento puede tener sobre tu cuerpo.

> **Tu monitoreo de ella interferirá inevitablemente con las respuestas naturales de su cuerpo.**

8. *Visualiza sentimientos, acciones y respuestas sexuales positivas.* Cuando entren imágenes negativas en tu mente, trata de dejarlas ir. Entre más ensayes lo positivo y elimines lo negativo, tus experiencias se llenarán de pasiones amorosas y cálidas más rápidamente.

OBSERVANDO A ELLA

¿Alguna vez te has fijado en un jefe entrometido o en una mamá sofocante? Cualquier movimiento que haga el empleado o el niño es evaluado o cuestionado:

«Oh, ¿Vas a ponerlo en *esa* cuenta?»

«¿No crees que funcionaría mejor si empezaras con este problema?»

«Me di cuenta que no terminaste tu proyecto ayer»

«Lo harías mejor si lo hicieras de esta forma»

Algunos hombres son amantes entrometidos. Entre más se entromete el esposo, menos experimentará la esposa su sexualidad. Ella se desanima, siente menos interés por el sexo, y tiene respuestas sexuales menos intensas. Como resultado, al verla como un problema que se necesita resolver, él hace más y más sugerencias «amorosas». Él la está observando, y ahora ella se está observando a sí misma.

Carol y Allen habían completado el proceso de terapia sexual para tratar lo que ellos habían definido como la falta en ella de deseo sexual y la disminución de la excitación sexual. Al descubrir que él la estaba observando, lo ayudamos a descubrir por qué la sexualidad de ella era tan importante para la seguridad emocional de él. Ellos volvieron a entrenarse para poder enfocarse en el placer de estar juntos y no en la sexualidad de ella, y ahora ellos tienen buenos ratos sexuales.

Luego Carol nos llamó pidiendo ayuda. Ellos se habían desanimado. Ella no había «tenido ganas» desde hace varias semanas. Ni siquiera una ropa sexy le había ayudado. Tampoco «esperar que los sentimientos sigan las acciones» tal como «nosotros les habíamos enseñado». Una vez ella se sintió con ganas, pero el deseo se desvaneció rápidamente cuando Allen tuvo que ponerse de pie para cerrar las cortinas. La siguiente vez que tuvieron relaciones, él detuvo la penetración y le sugirió que si se movía, eso probablemente la ayudaría «a entrar en ritmo». Luego le dijo él: «Tú no lo estás intentando». Ella se puso furiosa.

Carol nos dijo que ella se sentía obstinada. Ella no quería hacer las cosas que sabía que la iban a ayudar. Su resistencia de antes se había reactivado por las evaluaciones que Allen hacía de las respuestas de su cuerpo.

Afortunadamente, los dos recordaron los principios que habían aprendido. Su regreso a los viejos hábitos causó risa y la habilidad de reafirmar y volver a aplicar esos principios.

Si tú te estás entrometiendo, necesitas dejar de hacerlo. ¡No observes a tu esposa ni juzgues su sexualidad! Si tu habilidad para disfrutar de las relaciones depende de las respuestas involuntarias de ella, su cuerpo nunca responderá. Tu monitoreo interferirá.

Formas para dejar de observarla

Simplemente saber cuál es el problema no lo resuelve, por supuesto. Los siguientes son algunos pasos tangibles que puedes tomar:

1. *Reafírmala deliberadamente.* Dile cuánto disfrutas su cuerpo, cómo se ve, lo bien que se siente cuando te toca y tú la tocas. No te

concentres en la manera en que responde, se mueve o *hace* cualquier cosa; sólo enfócate en lo que *es*.

2. *Distráete.* Si evaluarla se ha vuelto un hábito para ti, dirige tu mirada hacia otro sitio por un momento. Mira sus ojos; estudia su cabello, cuenta los cuadritos de la colcha si es necesario.

3. *Enfócate en las sensaciones de las caricias.* Explora toda su piel, todas las hendiduras. No las analices; sólo disfruta lo maravillosas que se sienten.

LLEVAR LA CUENTA

Era febrero de 1977. Una pareja nos pidió ayuda. Habían estado casados por 20 años y tenían una maravillosa vida sexual hasta octubre de 1976, cuando el esposo empezó a tener problemas para mantener la erección.

Era 1976, el año del bicentenario de los Estados Unidos. La pareja había decidido celebrarlo teniendo relaciones sexuales 200 veces ese año. ¡Esta es una historia verídica! Ya era octubre y ellos se habían dado cuenta de que sólo habían tenido relaciones 85 veces; todavía les faltaban 115 veces más y sólo tenían tres meses más para lograr su objetivo. Llevar la cuenta se convirtió en una presión; ya no era un proyecto divertido.

No era de extrañarse que él estuviera teniendo problemas.

Cada vez que el sexo se convierte en una actividad orientada hacia un objetivo, la respuesta física será afectada y el deleite será menguado.

Contar las experiencias o las respuestas sexuales no sólo ocurre durante

> **Cada vez que el sexo se convierte en una actividad orientada hacia un objetivo, la respuesta física será afectada y el deleite será menguado.**

las celebraciones bicentenarias. Puede ser el resultado de un cónyuge ansioso, una esposa demandante, problemas de infertilidad, salida de esperma del sistema después de una vasectomía, o el establecimiento de una meta por cualquier motivo. Una vez que uno empieza a llevar la cuenta, ya el enfoque no está en el proceso, sino en cumplir con la cuota. Los esfuerzos para lograr esa cuota por lo general son destructivos.

Hace varios años, un mes antes de que nuestro último hijo naciera, Cliff se hizo la vasectomía. El corto tiempo entre la cirugía y el nacimiento de Kristine no le dio mucha oportunidad ni energía para que Cliff tuviera suficientes eyaculaciones y asegurarse que el esperma no estuviera en el sistema antes de volver a nuestra vida sexual. Así que empezamos a contar las eyaculaciones. ¡Puedes imaginarte lo que sucedió!

Puede que hayas empezado a llevar la cuenta por razones propias. Puede que estés contando cuántas veces has tenido relaciones sexuales, cuánto has durado, cuántos orgasmos tuvo tu esposa, y quién inició qué.

No importa lo que estés contando, puedes estar seguro que esa respuesta se desvanecerá.

Puedes encargarte de tu experiencia sexual y hacer que algunas cosas ocurran, pero no te puedes poner a llevar las cuentas.

CUESTIONANDO

Cuestionar es una forma de entrometerse, de observar y de comparar:

«¿Te pareció eso bien, cariño?»

«¿Estás sintiendo algo?»

«¿Tienes ganas?»

«¿Tal vez hoy en la noche?»

«¿Te gustaría?»

Cada pregunta representa una expectativa sin responsabilizarse personalmente de expresar lo que tú quieres.

Un hombre generalmente hace estas preguntas porque quiere saber lo bien que lo está haciendo. Reflejan la idea de que el sexo es una competencia. El hombre está preguntando indirectamente: «¿Qué puntaje obtuve en esto? ¿Me fue bien?»

La competencia puede ser con un amante imaginario o real, con una norma, o con la mujer misma.

La interrogación se entromete. Provoca estar a la defensiva en lugar de promover la aceptación, el gozo y el compartir con ella.

No me hagas preguntas

En lo que respecta a iniciar las relaciones sexuales, dile lo que te gustaría y respeta su respuesta. No le preguntes si ella quisiera hacer el amor, poniéndola así bajo presión.

En lugar de preguntar: «¿Te gustaría darme un beso?», solamente bésala. Comienza suavemente.

En lugar de preguntar: «¿Tal vez hoy en la noche?» atráela con: «Me gustaría jugar esta noche».

En lugar de preguntar: «¿Tienes ganas?» di algo así como: «¡Caramba, que ganas tengo!»

Durante la experiencia sexual, no le preguntes qué tal le está yendo.

En lugar de preguntar: «¿Se siente bien esto?» revela tus propios sentimientos: «¡Caramba, esto sí que se siente bien!»

En lugar de: «¿Estás sintiendo algo?», intenta: «Puedo hacer esto toda la vida».

En lugar de: «¿Estoy en el lugar correcto?» mejor di: «Para mí, ese es el lugar más maravilloso».

Después, no intentes evaluar la experiencia, reafírmala.

Reemplaza la frase: «¿Estuvo bien eso?» con «Yo sí que lo disfruté».

Reemplaza la frase: «¿Tuviste un orgasmo?» con: «Eso fue increíble, ojalá que no te haya dejado atrás».

Reemplaza la frase: «¿Lo hice mejor esa vez?» con: «Me sentí más cómodo esa vez».

Las preguntas pueden ser una forma de protegerse a uno mismo. Te mantienen fuera del centro de atención y la ponen a ella en ese lugar. Son una forma de ser un espectador.

Entre más pronto puedas identificar y cambiar esos hábitos de ser espectador, más libre sentirás que son las relaciones sexuales.

Arriésgate; sé un participante. Claro, puede que te duela. Pero también puedes obtener mucho éxtasis.

¿Y no crees que eso valga la pena arriesgarse?

CAPÍTULO SEIS

EL SEXO: UNA SENDA A LA INTIMIDAD

Las necesidades sexuales están cambiando. Cada vez son menos las parejas que buscan ayuda debido a «dificultades técnicas», tales como la impotencia, la eyaculación precoz y la inhibición orgásmica. La mayoría de las personas utilizan libros de autoayuda para tratar con estos asuntos en la privacidad de la recámara.

Pero una cosa no ha cambiado: las parejas siguen buscando ayuda, desesperadamente, para vencer las barreras de la intimidad en sus relaciones sexuales. Y cuando lo logran, ven aceptadas sus diferencias, encuentran alivio a sus demandas, y descubren nuevos niveles de amor y pasión.

La intimidad no es sólo un «problema de la mujer». En este capítulo, veremos cómo esos obstáculos a la cercanía pueden afectarte también.

CUANDO SU SEXUALIDAD = TU MASCULINIDAD

Si crees que tu masculinidad depende de las respuestas de tu esposa, vas a tener problemas. Ya que la sexualidad de una mujer es impredecible, el depender en su deseo por ti no es una buena manera de desarrollar la seguridad que permite que crezca la intimidad.

Cuando tu autoestima depende de tu habilidad de satisfacer sexualmente a tu esposa, ambos se sentirán presionados para alcanzar esa meta. El gozo sexual de una mujer satisface naturalmente al hombre, pero enfocarse en conseguir la respuesta de ella para darte validez disminuirá el placer en ambos. Puede destruir la pasión al igual que la intimidad.

Busca lo mínimo, no lo máximo

El entusiasmo sexual de tu esposa puede descarrilarse a causa de tu entusiasmo, especialmente cuando surge de la inseguridad o de la necesidad de probarte a ti mismo. Esa es la razón de nuestra regla «mantenerse atrás». Si mantienes tu actividad e intensidad sexual a un grado un poquito menor al de tu esposa, ella va a querer más.

> El sexo no será genial cuando tu autoestima depende de la respuesta de tu esposa; el amor, la pasión y la intimidad serán destruidas.

La anorexia sexual de una mujer con frecuencia es una respuesta hacia un esposo exageradamente entusiasmado que la ha «alimentado a la fuerza». Es algo parecido a alimentar a niños pequeños. Si no les das mucho, ellos piden más. Si les das demasiado, juegan con su comida y no se interesan mucho en comer.

Mantén a tu esposa con hambre, pero no la dejes sin comer. Disfruta cada centímetro de su cuerpo antes de acercarte a los puntos más calientes.

Toca lentamente todo su cuerpo para disfrutarlo; no para recibir la respuesta que tus caricias producen. Haz que ella invite una estimulación más directa. No resistas cuando ella te invita; responde a su invitación con gusto.

¿Y qué tal si ella nunca se siente segura de invitarte? Busquen ambos una señal para que tú sepas cuando ella está preparada para más. Si vas a cometer un error, que sea por esperar demasiado y no por ir muy deprisa.

Si tus instintos te arrastran y vuelves nuevamente a ir muy deprisa y con mucha intensidad, detente cuando notes que ella se pone tensa. Tenemos un juego que disfrutamos cuando la intensidad de Cliff es mucha para Joyce. Cliff se hace de rogar:

«Oh no. Realmente estoy muy cansado esta noche».

«Eso es demasiado intenso para mí, ¿podemos bajar la velocidad?»

«¿Tenemos que hacerlo?»

Es una cura instantánea. Le añade diversión a la situación y provoca el deseo de Joyce.

PATRONES DE UNA RELACIÓN DESTRUCTIVA

La mayoría de los cónyuges que atendemos en la terapia sexual anhelan ser amados íntimamente. Pero luchan con un desacuerdo en la relación, vergüenza y asuntos de control, enojo, abuso, y temor del abandono que bloquean la cercanía y dañan sus vidas sexuales.

No tiene que ser así. Veamos algunos de los obstáculos más comunes de la intimidad y cómo podemos vencerlos.

Cuando tu necesidad de valorarte se deletrea S-E-X-O

Para muchos hombres, el sexo libera la tensión, les ayuda a sentirse bien con ellos mismos, y les permite experimentar el amor con sus esposas. Pero aquel hombre que necesita el sexo para sentirse bien acerca de sí mismo ha cruzado la frontera y ahora se encuentra en la «necesidad» que destruye el placer para ambos.

Si necesitas del sexo para valorarte, probablemente llegaste al matrimonio sin mucha confianza en ti mismo en lo que respecta a las mujeres. Quizás no saliste con muchas chicas antes de conocer a tu esposa. Puede que seas sensible al rechazo debido a tu historial con las mujeres, o porque no tuviste un amor incondicional por parte de tu madre, o porque tú y tu padre no tuvieron una conexión muy sólida.

Probablemente sientes que tu esposa no te desea tanto como solía hacerlo. Pero debido a tu sensibilidad al rechazo, ella nunca podrá desearte tanto como para poder llenar ese vacío dentro de ti.

Para tu esposa, el sexo ha cambiado de algo que ella deseaba a algo que tú necesitas de ella. Terminó por llevarlo a cabo como un deber, o resistiendo a tu necesidad, o alejándose completamente de ti.

Este patrón de relación destructiva causa que el sexo sea más que eso: sexo. Puede continuar hasta que necesites ayuda profesional, te separes, o te conformes a una vida sexual rengueante.

Afortunadamente, hay solución. Es de dos partes: (1) separa tu necesidad de ser valorado de la sexualidad de tu esposa y (2) reafirma cualquier evidencia de su sexualidad. Su sexualidad volverá a salir y te valorará.

Probablemente necesites el apoyo de un terapeuta para hacer que este proceso funcione. Tu objetivo debe ser eliminar tu necesidad de sentirte valorado mediante el sexo. Luego podrás cumplir el mandato de 1 Corintios 7 de disfrutar libre y mutuamente el uno del otro.

Cuando tu rendimiento es necesario para valorarla a ella

Las mujeres a veces tienen una necesidad similar de ser valoradas por medio del sexo. Por ejemplo, tu esposa puede sentir que no la amas lo suficiente si no puedes retrasar la eyaculación por un período extensamente largo, tener una erección sin necesidad de estimulación, o volver a estimularte inmediatamente después de la eyaculación, o hacerla tener un orgasmo durante el coito. Para sentirse amada, ella debe tener tu respuesta sexual de acuerdo a los términos que ella impuso.

> Separa lo que puedes hacer por tu esposa de lo que no puedes; reafirma tu amor sin ajustarte a sus demandas en lo que se refiere a tu rendimiento.

Si éste es el caso, tu esposa probablemente fue herida por otros hombres durante su niñez. Ella está buscando pruebas de que no le harás daño. Ya que tiene mucha dificultad en confiar en ti, ella establece unos estándares que son casi imposibles de cumplir.

Las habilidades de un consejero profesional la ayudarán y te quitarán la presión de encima. Tu fortaleza también le puede ser de ayuda.

Separa lo que puedes hacer por tu esposa de lo que no puedes. Con hechos y palabras asegúrale que tú la amas, que siempre estarás con ella, y que nunca violarás sus derechos. Pero también asegúrale que no puedes hacer lo que es imposible físicamente, por ejemplo, volver a tener una erección inmediatamente después de la eyaculación. Que sepa que tu inhabilidad física de cumplir con sus demandas en lo que se refiere a tu rendimiento no tiene nada que ver con tu amor por ella.

Cuando el enojo interrumpe la intimidad

La intimidad puede dar miedo. De hecho, da tanto miedo que el enojo parece una ruta más segura.

Eso puede ser difícil de creer. Pero si el enojo está obstaculizando la cercanía con tu esposa, quizás estás escogiendo el enojo en lugar de la intimidad.

El enojo puede surgir como resultado de un problema personal. Un hombre constantemente menospreciaba y desconfiaba de la sexualidad de su esposa porque su madre había lastimado a su padre al tener una aventura amorosa con otra persona. Cuando era joven, él se convirtió en la persona de confianza y ayudante de su papá para atrapar a su madre con las manos en la masa.

Otro hombre estaba enojado con su madre por la forma en que ella frecuentemente se alejaba a su padre. La esposa de este hombre se sentía reprimida sexualmente, pero él no podía ver que tenía algo que ver con ello y abandonó la terapia.

Otros hombres están enojados por el abuso físico y la negligencia emocional por parte de sus padres. Sea cual sea el origen, el enojo entra en la relación sexual y se utiliza de manera pasiva o activa para destruir la intimidad.

El enojo también puede ser provocado dentro de la relación. Pablo y Patricia tenían sólo seis meses de casados cuando nos llamaron buscando ayuda. Ninguno de ellos tenía algo bueno que decir del otro. Tratar de enfocarse en su relación sexual era como curar un corte en la mano cuando la persona está sufriendo un ataque cardíaco.

Cuando les dimos asignaciones para volver a capacitarlos en el área sexual, no completaron ninguna de ellas. El enojo interrumpió el proceso.

Para algunas parejas, el enojo sucede solamente en las relaciones sexuales. Ella resiste tenerlas porque él la presiona a tenerlas; él se queja porque ella se resiste. La expresión de la necesidad sexual de él hace que ella se enoje; la falta de deseo de parte de ella hace que él se enoje.

Cuando ambos comprenden que el enojo está destruyendo su relación y ponen sus diferencias a trabajar para el beneficio de ambos, ellos pueden revertir este patrón destructivo. Entonces se disipa el enojo y se desarrolla la intimidad.

Trabajamos con una pareja que se dio cuenta de esto. Después de treinta años de que él la presionaba y de que ella lo resistía, ya estaban a punto de disolver su matrimonio. Nosotros éramos su última esperanza. Con el tiempo descubrimos algo que ninguno de los dos le había dicho al otro: Ambos habían sido abusados sexualmente cuando eran niños. Con el permiso de ambos, compartimos esta información en una sesión de retroalimentación. Esa revelación causó una respuesta de cariño mutua. Las paredes cayeron; fue el comienzo del desarrollo de una relación sexual mutuamente satisfactoria.

Con una consejería similar, tú y tu esposa pueden vencer el enojo y hacer lo mismo.

Cuando los asuntos de control hacen que las relaciones sexuales no avancen

De la misma forma en que las personas utilizan el enojo para evitar la intimidad, otros utilizan el control.

De hecho, el control puede parecer más seguro que el enojo para protegerte de la intimidad con tu esposa. Cuando ella te desea de manera sexual, se te hace difícil responderle, por supuesto, con una razón válida. Aún así, tú te quejas por qué ambos no tienen relaciones sexuales tan frecuentemente como tú quisieras.

El control también puede obstaculizar la intimidad sexual de otras maneras. Por ejemplo, supongamos que tu esposa no quiere tener relaciones contigo porque tú eyaculas prematuramente. Pero ella rehúsa hacer ejercicios contigo para poder ayudarte a aprender a controlar la eyaculación.

> El control puede parecer más seguro que el enojo para protegerte del temor a la intimidad.

Eso la protege a ella de la vulnerabilidad a la intimidad.

En nuestro trabajo, los asuntos de control con frecuencia surgen a través de la resistencia a volverse a capacitar en las relaciones sexuales. La pareja o el individuo viene a buscar la solución a un problema sexual, pero no quiere hacer lo que le piden. Las razones que se mencionan son la falta de disciplina, de tiempo, dudar que funcione, saber anticipadamente lo que estamos tratando de decir o excusas similares.

También puedes ser controlador porque tienes miedo de ser completamente tú mismo en presencia de tu esposa. Quizás ser tú mismo no era algo seguro cuando eras niño, y ahora es prácticamente imposible abrirse y ser vulnerable durante las relaciones sexuales. Si tu esposa es criticona o no tiene amor incondicional, el problema se hace aún más grande.

Tú anhelas tener intimidad, pero no quieres arriesgarte a que suceda. Si buscas ayuda, tratas de encontrar razones para no completar el proceso.

Hay esperanza si te comprometes a resolver el problema con un consejero. Los pasos hacia la intimidad necesitan ser pequeños y bajo tu control, de tal forma que puedas arriesgarte a tomarlos.

ASUNTOS PERSONALES

Vergüenza

Cuando el sexo se asocia con la vergüenza, interfiere con la pasión sexual del matrimonio.

Tal como lo dijo una mujer: «Yo era tan sexual antes del matrimonio que tuvimos dificultades muy grandes en tratar de no tener relaciones sexuales. Me reprimí estando en el altar haciendo mis votos. La idea me impactó: *No puedo imaginarme que otros sepan que ahora que estamos casados vamos a tener relaciones sexuales*».

Años después, esa mujer y su esposo todavía no habían tenido relaciones sexuales. Ella involuntariamente cerró el músculo que controla la apertura de la vagina, y él no podía penetrarla. En el caso de ella, la vergüenza había empezado cuando ella era una jovencita, y había reaccionado sexualmente a la pornografía que veía su papá.

La vergüenza asociada con el sexo también puede comenzar con otras clases de exposición sexual prematura o inapropiada. Un niño pudo haber compartido su cama con su madre o una hermana mayor; un niño pudo haber dormido en el mismo cuarto mientras sus padres tenían relaciones sexuales; una hija adolescente pudo haber sido vista por su padre cuando estaba desnuda; o la inocencia y el desarrollo sexual del niño no fueron protegidos de alguna manera.

La vergüenza es una carga muy pesada de llevar. Romper la conexión entre la vergüenza y el sexo generalmente requiere de un esfuerzo deliberado con un terapeuta, seguido de un desarrollo positivo paso a paso del sexo en el matrimonio. Ese esfuerzo traerá un mayor placer y una mayor libertad a tu vida sexual.

Abandono

Cuando uno ha sido abandonado es difícil tener intimidad. Si fuiste abandonado durante el primer año de tu vida, por ejemplo, la capacidad de tener intimidad sexual quizás tenga que ser aprendida en el matrimonio.

El abandono puede ser físico o emocional. Quizás fuiste adoptado o no tuviste lazos afectivos con tu madre o padre adoptivo hasta después del primer año de vida. O tu madre o quien te cuidaba fue hospitalizada por un largo periodo de tiempo durante ese primer año de vida. U otros factores como la depresión, el dolor, la incapacidad de acercarse o de ser caluroso, hizo que tu madre estuviera ausente emocionalmente.

Quizás perdiste a uno de tus padres cuando tenías trece o catorce años. La muerte de uno de los padres, especialmente el del sexo opuesto, puede causar muchísima dificultad en permitir que haya intimidad sexual con nuestro cónyuge. Aquel hombre cuya madre murió de diabetes durante sus años preescolares se dormía o no podía mantener su erección cuando tenía relaciones sexuales con su esposa.

La senda a la intimidad de una persona que ha sido abandonada es una montaña muy difícil de escalar. La intimidad es lo opuesto al abandono; el temor a la intimidad es el temor al abandono. Con ayuda profesional, la confianza debe ser desarrollada por medio de un cónyuge seguro de sí mismo, dadivoso, constante y emocionalmente accesible.

Abuso

Sin importar si el abuso fue físico, emocional, o sexual, tú aprendiste que la intimidad no era segura. Sin seguridad, tener intimidad sexual en el matrimonio es extremadamente difícil.

Si has sido abusado, aún es posible que puedas tener relaciones sexuales. Pero tener placer y compartir tu mundo interno requerirá un entrenamiento cuidadoso y tu disposición a tomar riesgos.

> Ya que el abuso es una violación de la confianza, eso interrumpe la habilidad natural de tener intimidad en el matrimonio.

Las víctimas de abuso sexual describen un patrón distintivo.

Cuando eran niños, se retraían y sentían vergüenza, o eran agresivos y se enojaban. Ellos se sentían diferentes de los demás niños. Dicen haber estado mucho más conscientes del área sexual cuando niños; tienden a ser promiscuos o al menos muy interesados antes de casarse, y después se cierran completamente al sexo al acercarse al matrimonio o una vez que se casan.

Vencer el abuso y desarrollar lazos afectivos íntimamente en el matrimonio es un proceso gratificante. Finalmente puedes obtener el amor que desesperadamente quieres. Pero necesitas procesar el dolor del abuso.

Puedes hacerlo hablando con un terapeuta, o un grupo de apoyo de otras víctimas de abuso. Las cicatrices puede que nunca se vayan, pero la satisfacción sexual íntima y profunda definitivamente sí se puede lograr.

Una baja autoestima

¿Te sientes incómodo con tu cuerpo? Puede que seas atractivo de acuerdo a los estándares de otras personas, pero tú sólo ves defectos en ti. Esos sentimientos pueden dificultar que te responsabilices por las relaciones sexuales y pueden hacer que no reafirmes sexualmente a tu esposa.

> Si no te sientes bien contigo mismo o con tu cuerpo, es difícil que te responsabilices por las relaciones sexuales y por valorar sexualmente a tu esposa.

La imagen física es sólo un factor que moldea la autoestima. Una autoimagen negativa puede tener varias causas. Sea cual sea la razón, la persona que sufre de esto no ha experimentado la valoración personal que necesita para creer en sí mismo.

La autoestima puede desarrollarse en un matrimonio comprometido y amoroso. Una esposa que te acaricia en formas que no son exigentes puede ayudarte a sentirte aceptado y a que te aceptes ti y a tu cuerpo. Tú puedes mejorar aspectos de tu cuerpo, de tu personalidad, y habilidades que aumenten tu estimación personal positiva. Más importante aún, puedes considerar el hecho de que como creación de Dios, tú tienes valor inmenso para Él.

Si necesitas ayuda con asuntos de autoestima, no vaciles en consultar con un consejero o un pastor. Entre más confianza tengas, más responsabilidad puedes asumir en tu relación sexual y en respetar la sexualidad de tu esposa. El sexo se convertirá en una expresión de tus buenos sentimientos hacia ti mismo y hacia tu esposa, y será reflejado con una intimidad verdadera.

Adicción

Las adicciones sexuales contrarrestan la intimidad sexual.

En una adicción, el estímulo para la excitación y el desahogo se encuentran fuera de la persona y por lo general fuera de la relación íntima. En lugar de involucrarse totalmente con su esposa, el hombre se vende a las revistas pornográficas, a los sitios de Internet, a los trasvestistas, la prostitución, adulterio, u otras acciones que prometen falsamente satisfacer el clamor profundo que hay en aquél que busca la satisfacción a través de la intensidad y el desahogo sexual.

El hombre que es adicto sexualmente puede descubrir que a pesar de que es algo solitario masturbarse mientras ve un video, al menos puede ser lo que es con ese recurso inanimado. No hay riesgo de intimidad o de participación.

Hablaremos más acerca de las adicciones sexuales en el capítulo 13. Si luchas con una adicción, busca la ayuda de un consejero profesional. Te darás cuenta que el camino para satisfacer el hambre que tienes dentro de ti, para ser amado total y libremente por otro ser humano por lo que eres, es a través de una relación verdaderamente íntima con tu esposa.

> Por tanto, dejará el hombre a su padre y a su madre, y se unirá a su mujer, y serán una sola carne. (Génesis 2.24)

— CAPÍTULO SIETE —

CUANDO EL SEXO NO ESTÁ FUNCIONANDO

La vida sexual de todas las parejas se ven afectadas de vez en cuando. Nosotros también hemos luchado con varios momentos de dificultad.

El primero fue después de nuestra luna de miel. La búsqueda entusiasta de Joyce hacia Cliff provocó probablemente una presión en el rendimiento. Se resolvió rápidamente cuando Joyce se detuvo.

El próximo dilema fue el dolor que Joyce sintió después del nacimiento de nuestro primer hijo. Ese dolor continuó, causando una baja en el interés, hasta que nació nuestro segundo hijo casi dos años después.

Tal como lo hemos mencionado, contar eyaculaciones después de una vasectomía volvió a traer la presión del rendimiento de la primera etapa del matrimonio.

> **La perturbación temporal de la función sexual es normal.**

Y también hubieron esos momentos cuando las circunstancias de la vida causaron períodos de desánimo.

Quizás has tenido dificultades similares, lo cual es normal. Quizás pudiste resolverlas sin la ayuda de un profesional.

Por otro lado, quizás necesitabas de ayuda. Quizás todavía la necesitas.

Algunos de los problemas en este capítulo pueden ser atendidos mediante el consejo de libros de autoayuda; otros casi siempre requieren la ayuda de un terapeuta. En cualquier caso, cuando un patrón de perturbación en tu vida sexual persiste por más de uno o dos meses; es probable que debas buscar ayuda externa.

Pedir ayuda para muchos hombres parece ser una señal de debilidad. Pero valdrá la pena si se evita el dolor.

Cuando una dificultad sexual invade tu relación, ataca tu autoestima y la de tu esposa. A medida que se sienten peor, ambos reaccionarán con debilidades distintivas. Quizás te retraigas, te vuelvas más agresivo, te denigres, muestres frustración o enojo, o de cualquier otra forma dañes tu relación.

> **El fracaso sexual crea más fracaso; la intervención interrumpe el fracaso.**

Los dilemas sexuales tienen la capacidad de perpetuarse a sí mismos. Mucho después de que la causa original de la dificultad ha pasado, la dificultad puede persistir.

El fracaso genera más fracaso. Los cónyuges se evitan mutuamente porque no quieren fracasar otra vez. Cuando finalmente llegan a tener una conexión, ambos están temerosos y sienten la presión de querer tener éxito. Las probabilidades del éxito disminuyen, y el problema crece.

No dejes de buscar ayuda cuando la necesitas. El costo de hacerlo será recompensado por los beneficios.

VEINTIÚN MANERAS DE NO AMAR A TU CÓNYUGE

¿Es posible que tú seas parte del problema? Observa la siguiente lista y fíjate si estás en ella. Si es así considera nuestras sugerencias para mejorar esa situación.

#1: El amante ingenuo

Describimos a esta persona en el capítulo 2. Si eres tímido, reservado, o restringido de interactuar con chicas, puede que tú seas esta clase de persona.

Cuando finalmente te casaste con tu esposa, quizás te sentiste raro en tu interacción física con ella. El comportarte sexualmente no era algo que fluía fácilmente en ti. El arte desconocido del beso apasionado te dejó incómodo y a ella la dejó esperando más. Puede que te hayas sentido extremadamente modesto a su lado.

Tu esposa puede que a veces te dé el mensaje, aunque posiblemente lo haga de manera amable, de que tú no sabes muy bien lo que estás haciendo. Tú no sabes cómo estar con una mujer de tal forma que la satisfagas sexualmente.

Si así eres tú, anímate. Los que aprenden más rápido en nuestra terapia sexual son los hombres ingenuos. Eres como una esponja seca, listo para absorber la información.

Además de este libro, hay muchos recursos de autoayuda que están disponibles para ti (en la parte de atrás de este libro encontrarás nuestra propia lista). Tú y tu esposa pueden utilizar un libro como *Restaurando el placer* o mirar la serie de video *La magia y el misterio del sexo*. Asistir a un seminario sobre sexualidad te llenará de información y agilizará el proceso de aprendizaje. Tú y tu esposa se deleitarán con la recompensa de aprender rápido y retener lo aprendido.

#2: El amante que está orientado hacia un objetivo

El primer tipo de amante en esta categoría es el empresario. Lo que queremos decir con eso es que él se traza metas, se esfuerza en obtenerlas, las logra y sigue adelante buscando otras.

El matrimonio puede haber sido una de esas metas. Él se propuso encontrar una maravillosa esposa, cortejarla con estilo, y establecer su familia y su hogar. Pero ahora, él ha proseguido con su siguiente proyecto.

Este método puede funcionar muy bien cuando estás comenzando una compañía o construyendo una iglesia. Pero tu esposa no estará contenta de ser un proyecto pasado.

Si quieres un matrimonio que incluya una relación sexual satisfactoria, necesitarás cambiar tu objetivo. Permite que tu estilo empresarial funcione al hacer que tu relación con tu esposa sea una prioridad.

Toma la decisión de convertirte en el amante de tu esposa. Incluye en tu horario la cantidad de tiempo para compartir y conectar que la servirán y que mantendrán una vida sexual placentera. Intenta llevar a cabo nuestra recomendación de quince minutos al día, una noche por semana, un día al mes, y un fin de semana por estación.

El segundo tipo de amante en la categoría de «orientado hacia un objetivo» es el amante observador. Lo describimos en el capítulo 5. Él observa si su esposa se está excitando, si está lubricando, si sus pezones están erectos, si él tiene una erección, si está durando mucho tiempo el coito, si ella está alcanzando el mismo nivel de éxtasis que tuvo en el pasado, si está teniendo un orgasmo. Estos objetivos obstaculizan el proceso amoroso y natural de dos personas convirtiéndose en una.

Si eres un amante observador, deja de pensar en alcanzar objetivos y participa de lleno en disfrutar del placer. En otras palabras, que el placer mutuo sea tu objetivo.

#3: El amante aburrido

¿El sexo se ha convertido en una rutina? ¿Estás aburrido con la repetición? ¿La forma en que haces el amor es la misma de hace cinco años o hace quince años?

Quizás te veas a ti mismo como una persona poco creativa. Quieres cambiar, pero no sabes cómo aunque te sintieras libre de hacerlo. Intentar algo diferente te haría sentir vulnerable o preocupado.

Para ti, el cambio tiene que ser premeditado. Comienza hablándole a tu esposa de tu preocupación. Luego establezcan un plan, sin importar lo sencillo que parezca. A veces, hasta cambiar la forma en que te acuestas en la cama, de tal forma que tu cabeza esté donde van los pies, puede hacer que tengas una nueva perspectiva.

Un cambio de lugar también puede proveer una nueva chispa. Tal vez quieras hacer el amor en el piso, o en el cuarto de los invitados. Cambiar papeles como por ejemplo ser «el activo» puede causar una gran diferencia. En el capítulo 11 daremos más ideas.

Si intentar algo nuevo es una idea paralizante, quizás te ayude explorarte a ti mismo. Escribir, llevar un diario, o una psicoterapia individual puede ayudarte a que te abras a la persona con la que te has comprometido a compartir tu vida a este nivel tan profundo.

#4: El amante inseguro

Los amantes inseguros luchan con una baja autoestima. Responden en una dirección o en otra: Pueden ser pasivos y complacientes, sin nunca expresar sus necesidades o expectativas; o pueden ser demandantes e insistentes de manera directa o indirecta. Ninguno de ellos hace que la mujer sienta la confianza que está buscando en el hombre que ama.

Cambiar cómo te ves a ti mismo puede ser un proyecto de toda una vida. Pero tú y tu esposa encontrarán alivio inmediato cuando identifiques que tu tensión sexual se debe a tu inseguridad.

Una vez que hayas hecho eso, puedes trabajar de manera consciente en los aspectos que tú puedes controlar. Puedes mejorar tu apariencia, tu vocabulario, o tus hábitos por ejemplo.

Ser lo suficientemente vulnerable contigo mismo como para compartir y resolver este asunto con tu esposa hará que ambos se unan más. Este puede ser el paso más importante para convertirse en un amante más seguro.

#5: El amante descuidado

Este tipo no ha aprendido a ser cuidadoso. Quizás fue criado en un hogar donde no había interés por los detalles de la vida civilizada, o quizás rechazó los regaños de su madre.

Si tú eres un amante descuidado, es probable que ignores la preparación de tu cuerpo para la experiencia sexual. Un hombre que no se ha bañado y rasurado y que tenga una mal higiene oral, raramente atrae a una mujer. Si has racionalizado que sus quejas de ti son su problema, necesitas entender que *¡toda mujer necesita un hombre limpio!*

Algunas veces el descuido es una cuestión de desinterés en hacer el amor. ¿Te fijas dónde pones tus codos, en lo que dices, o cómo mueves tu cuerpo o el de ella? Probablemente sabrás si eres un amante descuidado al escuchar los comentarios gentiles o no tan gentiles de tu esposa.

Nuestro consejo: Haz algo para acabar con ese descuido y ¡hazlo ya! Nunca harás que tu esposa acepte tu descuido como parte de tu maravillosa y peculiar personalidad.

La esposa de un amante descuidado se siente ignorada y sin importancia. Actuar hará que tu esposa sepa que tú la valoras.

#6: El amante co-dependiente

La etiqueta «co-dependiente» se ha vuelto popular y muy usada, pero es útil en este caso. La persona co-dependiente se alimenta de la patología de la otra persona.

El esposo codependiente mantiene viva la resistencia de la esposa a tener relaciones sexuales al quejarse de la falta de deseo que ella tiene. Ella «necesita» que esté quejándose y siendo negativo con ella para no querer tener sexo con él; él «necesita» que ella se resista sexualmente para poder quejarse. Es casi como un baile.

¿Se ha establecido un patrón como éste entre ustedes dos? ¿Conocen y hacen su parte bien? ¿Se te haría difícil funcionar sin la provocación continua o la queja o la tristeza que parece haber entre ustedes dos?

Si ambos no son felices con su relación sexual y se culpan mutuamente, probablemente estés perpetuando tal patrón. La dificultad sexual les sirve con un propósito, aunque dicen fuertemente que no les gustan las cosas tal como están.

Como el patrón se alimenta a sí mismo, es difícil de romper. Es probable que necesiten la ayuda de un terapeuta fuerte. El desafío de esa persona será traer bajo control los patrones de ambos al mismo tiempo, lo suficiente como para que vean esperanza en el cambio.

Tú puedes ayudar a que haya un cambio deteniendo tu negatividad y comenzando a reafirmar a tu esposa. Enfócate en lo positivo, sin importar que tan pequeño sea. Casi inevitablemente, la resistencia sexual de ella disminuirá. Al detener tus quejas, no le das ninguna excusa para resistir.

#7: El amante que evita la relación sexual

El amante que evita probablemente no se siente seguro de sí mismo. Puede que sea ingenuo. Puede que haya sido herido en una situación anterior. O puede estar acomplejado por su cuerpo o el tamaño de su pene.

La preocupación por el tamaño del pene comienza en la etapa preadolescente y puede continuar hasta la edad adulta. El tamaño del pene no tiene nada que ver con la habilidad de un hombre de satisfacer a una mujer, ya que la vagina se puede acomodar a cualquier tamaño de pene y las sensaciones placenteras se encuentran sólo en los primeros cinco centímetros de penetración de la vagina. Además, la mayoría de los penes erectos son casi del mismo tamaño. Sin embargo, el temor por el tamaño del pene es una razón por la cual el hombre evita a su esposa.

Otra razón es el temor a ser vulnerable con una mujer. Podría parecer un riesgo emocional muy alto entrar en una experiencia sexual. ¡Es probable que el esposo prefiera buscar el control remoto del televisor!

Si tú y tu esposa tienen problemas acerca de quién debe empezar la experiencia sexual, o si tu esposa está enojada contigo porque no satisfaces sus necesidades sexuales, eso puede volverte un amante que evita la relación sexual.

¿Cómo le afecta esto a tu esposa? Ella puede demandar el coito, lo cual solamente aumentará tu deseo de alejarte. En cierta forma eso es lo que deseas, porque la cercanía es algo incómodo para ti.

Un amante que evita la relación sexual puede utilizar la masturbación como su descarga sexual. Es menos complicada que tener una relación, no tienes temor de que te rechacen, hay menos probabilidades de fracasar, y no tienes que arriesgar la intimidad.

La evasión no cambiará si no hay un esfuerzo premeditado. Tu esposa necesita dejar de buscarte; tú necesitas iniciar el contacto sexual de manera regular y designada. No debes esperar hasta que sientas ganas de iniciar la relación sexual con tu esposa. La masturbación debe detenerse completamente, de tal forma que tu cuerpo te empuje a actuar con tu esposa.

Si el sexo con tu esposa parece demasiado trabajo, habla con ella acerca de tus condiciones para tener placer sexual. Desarrolla la confianza en ti mismo y la comodidad con la intimidad y la iniciación por medio de un sistema planeado de contacto sexual.

#8: El amante perezoso

Hacer un esfuerzo y retrasar la gratificación inmediata para tener un beneficio a largo plazo es lo que funciona mejor en la vida. Sin embargo, no todos los hombres han desarrollado ese patrón en sus vidas sexuales.

Si el esfuerzo de conectarte con tu esposa o de retrasar tu eyaculación no te parece que valga la pena para tener un beneficio a largo plazo de una relación sexual mutuamente satisfactoria, entonces probablemente eres un amante perezoso.

¿Es demasiada molestia hablar con ella, tocarla, y hacerla que se sienta bien contigo? ¿Te parece muy difícil acariciar todo su cuerpo, y luego estimular su clítoris por veinte minutos? ¿No estás dispuesto a hacer lo necesario? ¿Te parecería mejor si pudieras sólo darle una caricia superficial, seguida de la frase: «Ajá, así, gracias y buenas noches»?

Si es así, es muy probable que haya muy poco placer en tus momentos sexuales, tu pereza evita cualquier posibilidad de unión o conexión profunda. No tienes una vida sexual satisfactoria porque no estás dispuesto a dedicar el tiempo para satisfacer las necesidades físicas y emocionales de tu esposa.

Tú falta de motivación será la barrera más grande para cambiar tu patrón de amante perezoso. Tienes que decidir ir en contra de lo que te parece natural a ti y dar unos pequeños pasos para retrasar la gratificación inmediata a cambio de una satisfacción más profunda.

Con tu esposa, intenta escribir un plan paso a paso que muestre los requisitos de todos los encuentros sexuales. Por ejemplo, ambos pueden especificar que deben hablar por lo menos veinte minutos antes de cualquier caricia, luego diez minutos besándose y acariciándose antes de quitarse la ropa. Si quieren pueden usar un reloj electrónico.

Normalmente, estamos en contra de tal método programado para el sexo. Pero para un amante perezoso, un plan diseñado de manera específica con tu esposa traerá beneficios asombrosos.

9: El amante enojón

Probablemente trajiste al matrimonio el enojo de tu pasado, un enojo hacia los padres, los hermanos, los compañeros de escuela, el ejército, un jefe, Dios, o a quien sea. O el enojo puede surgir de tu propia relación matrimonial.

Quizás nunca trataste con las heridas conyugales de tal forma que te permitiera seguir adelante y sentirte libre de su impacto. El enojo de una manera u otra llega a tu lecho conyugal. Puedes expresarlo directamente con comentarios críticos o acciones, o pasivamente creando una distancia sexual.

Un problema de enojo se puede resolver mejor con un terapeuta, no en la cama. Te recomendamos mucho el libro del doctor Neil Clark Warren *Haciendo de la ira tu aliado* (Tyndale House Publishers, 1990). Puedes primeramente identificar el tipo y el origen de tu enojo, y luego aprender cómo usar esa energía para tu propio beneficio en vez de expresarla en maneras que te dañen a ti y a tu relación.

Si tu enojo te lleva al abuso físico o verbal o hace que causes heridas en la experiencia sexual, busca ayuda inmediatamente. El enojo que está fuera de control y que se utiliza para herir es una crisis seria. La intervención es necesaria para cambiar ese patrón destructivo para siempre. Nunca es correcto, útil, justificable, o permisible que el enojo surja en formas que dañen o denigren.

#10: El amante posesivo

El amante posesivo es un amante celoso.

Los celos te carcomen como las termitas carcomen un árbol. Sofoca el amor e interrumpe el flujo natural del abandono sexual.

> **Ella no puede decir libremente «sí» al sexo hasta que pueda decir libremente «no».**

Tú no posees a tu esposa; ella es un regalo de Dios para que libremente lo disfrutes, te deleites, y te le entregues. Sexualmente hablando, ella necesita sentirse libre para darse a sí misma, para seguir la instrucción bíblica de que el cuerpo de la esposa le pertenece al cónyuge. Ella no puede decir libremente «sí», sino está totalmente libre para decir «no».

Los esposos dejan que los celos interfieran con su vida sexual por varias razones. La más común es la preocupación de un amante anterior, alguno que su esposa haya tenido antes del matrimonio, con frecuencia mucho antes de que se conocieran. Escuchamos esto todos los días en nuestra oficina, y eso nos afirma el estándar de Dios de reservar el sexo hasta el matrimonio. La pareja puede haber estado casada por diez años, pero el esposo todavía sigue recordando que su esposa había estado con otro. Durante el sexo, cualquier pausa o aparente falta de entusiasmo puede provocar una preocupación de celos. Él puede obsesionarse con obtener los detalles de la historia de ella, sin poder dejar que el pasado quede enterrado donde necesita estar.

O los celos del esposo pueden ser más actuales. Quizás está pre-ocupado por el jefe de su esposa, el director del coro, o el entrena-dor de tenis. La obsesión no está basada en un comportamiento ina-propiado entre el otro hombre y su esposa; surge de la ansiedad del esposo.

Puede que él esté celoso aun de sus hijos, su madre, o de su mejor amigo, enfocándose en el tiempo y la atención que ellos reci-ben de parte de ella. A menos que él se sienta ser el centro de la vida de su esposa, se pondrá nervioso.

Tom y Brenda habían estado casados por catorce años. Tom parecía no poder dejar de pensar que Brenda se había involucrado sexualmente con otro hombre antes de hacer un compromiso con Cristo y de conocer a Tom. Cada cierto tiempo, Tom hablaba con ella acerca de las actividades que ella tuvo en su relación anterior. Le pedía detalles, diciendo que no quería sorpresas en el futuro. Brenda trataba de apaciguarlo dándole toda la información que podía recordar.

Después de cada encuentro sexual entre Tom y Brenda, él dudaba que hubiera sido tan bueno como el que ella tuvo con el hombre anterior. La

> **La seguridad del compromiso produce libertad sexual; la posesión la reprime.**

obsesión de Tom estaba destruyendo el placer que podría estar expe-rimentando con su esposa.

Tuvimos que ayudarle a Tom a aceptar que Brenda había sido limpiada espiritual y mentalmente del pasado. Sus celos eran la única dificultad que tenía con ese pasado.

Cuando la posesión de un esposo no tiene que ver con lo que la esposa en realidad está haciendo, significa que es la falta de confian-za y la inseguridad que él mismo trajo a la relación. Si tú eres un esposo posesivo, debes controlar esos celos. De otra manera, aleja-rás a tu esposa en lugar de acercarla.

Busca ayuda para entender el origen de tus celos. La seguridad del compromiso produce libertad sexual en el matrimonio; la pose-sión la reprime.

#11: El amante egoísta

Este tipo es egocentrista en la cama, y generalmente también en el resto de su vida.

Si te enfocas en tus necesidades y tienes dificultad en preocuparte por las de tu esposa, probablemente eres un amante egoísta. Pon atención a lo que dices. ¿Dices frases como: «yo necesito», «yo quiero», «tú debes» y «si tú fueras»?

Quizás pienses que simplemente sabes lo que quieres, o que tienes un gusto refinado. O que tal vez, si puedes hacer que ella satisfaga tus necesidades, entonces te sentirás libre para satisfacer las de ella.

El amante egoísta tiene una actitud de «yo primero». Pero el enfoque «yo primero» no funciona en el sexo; las relaciones serán mejor para ambos cuando tú te conviertas en un líder siervo, un amante siervo, y un esposo siervo.

Se necesita un arrepentimiento y un cambio de actitud para revertir el egoísmo. Este hábito muere lentamente a menos que sea sometido a Cristo y que él esté en el trono de tu vida.

Tu esposa puede ser una gran ayuda también. Aparta un tiempo para escucharla hablar, sin estar a la defensiva, sobre cómo se siente estar conectada contigo como amante egoísta. Si puedes enfrentarte a ti mismo, probablemente tendrás el conocimiento, el valor, y la fuerza, con la ayuda de Dios, para cambiar.

#12: El amante pasivo

Un amante egoísta es *activamente* egocéntrico; un amante pasivo es *inactivamente* egocéntrico. Él dice: «Que ella lo haga».

Este esposo tiene poca capacidad para dar; él quiere ser complacido. Él es una esponja que solamente absorbe. Una esposa describió a su esposo pasivo de esta forma: él se prepara para hacer el amor, acostándose en la cama, cruzando sus manos detrás de la cabeza y avisándole a la esposa que está listo para que ella comience.

El amante pasivo cree que él es especial, y por eso necesita ser atendido de una manera especial. Hay un toque de realeza en esta clase de egocentrismo pasivo. Él puede sentir que su esposa tiene mucha suerte de tenerlo a él, de tener a alguien tan encantador, brillante, atractivo, rico, musical, etc. Piensa que ella debería estar agradecida; y si ella no lo está, muchísimas mujeres lo estarían.

Esta actitud hace que los demás, especialmente tu esposa, se sientan inadecuados y en poco tiempo enojados. La esposa al principio puede intentar complacer al amante pasivo, pero llegará al punto de la desesperación o la ira. Ella siente que han violado sus derechos.

> **Tú eres especial, pero también lo es tu esposa; renuncia a tus derechos de ser servido y sírvele.**

Al igual que el amante egoísta, el amante pasivo necesita un cambio en el corazón. Si tú estás en esta categoría, no puedes continuar asumiendo que eres especial y que estás exento de las expectativas normales de la relación esposo y esposa. Tu enfoque ha sido la antítesis del liderazgo de siervo. No es fácil cambiar, pero es esencial si vas a querer tener una vida sexual satisfactoria.

#13: El amante criticón

Al esposo criticón le encanta evaluar duramente. Sus críticas no necesariamente se limitan al sexo. Es probable que critique el cuidado de la casa por parte de su esposa, su apariencia, su peso, su ropa, la decoración, la crianza de los niños, o la forma en que plancha los pantalones.

Durante las relaciones sexuales, él critica la forma en que ella se mueve o no se mueve, si muestra o no el grado correcto de entusiasmo, o si responde a la velocidad correcta. El proceso reprime la espontaneidad y el placer.

Si tú eres un amante criticón, el denigrar a otros puede surgir de manera automática para ti. Quizás uno de tus padres era así contigo cuando estabas creciendo.

Para corregir tu naturaleza crítica es probable que necesites controlar tu lengua antes de controlar tu mente. Decide no decir lo que piensas; es mejor no decir nada que denigrar a tu esposa. Intenta reemplazar esos pensamientos críticos con pensamientos positivos.

Cuando tu esposa escuche cosas positivas, ella te gratificará con su placer. Como resultado, eso generará más comentarios positivos de tu parte. Con el tiempo te darás cuenta que tu manera de pensar se ha vuelto menos prejuiciosa.

#14: El amante controlador

Este hombre siente la necesidad de controlar a su esposa. En lo que respecta al sexo, es probable que él quiera estar a cargo de la secuencia, las actividades, y hasta la respuesta. El sexo tiene que estar bajo sus términos. Si no es así, se inquieta y lo sabotea.

El amante controlador quizás quiera tener poder sobre algunos aspectos de la experiencia sexual, o «tomar medidas drásticas» cuando siente que su esposa o el evento está «fuera de control». Si él se siente inseguro o preocupado por su manera de responder o su rendimiento, es probable que intente manejar esta dificultad encargándose de la experiencia.

Si tú eres un amante controlador, probablemente estás recibiendo una de dos respuestas: tu esposa te sigue de manera pasiva y está perdiendo el interés, o ella está continuamente peleando contigo para tener el control.

Ceder puede ser algo difícil para ti. Comienza identificando lo que te provoca esa necesidad de controlar. Habla al respecto con tu esposa. Anímala para que ella te diga cuando tus tendencias controladoras están interfiriendo con tu vida sexual.

Intenta un experimento: permite que ella se encargue de toda la experiencia sexual. Es probable que sea divertido. Coméntale lo que piensas mientras estás en ese rol pasivo.

Entre tanto que aprendes a enfocarte en el placer mutuo, descubrirás el alivio que surge de poder soltar las riendas.

#15: El amante distante

Este hombre evita la intimidad; él se mantiene a la distancia. Tiene que mantenerla no sólo de su esposa, sino de él mismo.

El amante distante lucha con la falta de aceptación personal, que aprendió a manejar proyectando ser distante. Otros pueden pensar que él tiene confianza en sí mismo, o quizás hasta que es muy creído, pero esa distancia tiene que ver con su incomodidad de la intimidad.

Por lo general hay una buena razón por la cual un amante es distante. Si estás en esta categoría, es probable que hayas experimentado el dolor o la frialdad de tus padres mientras crecías. Es probable que te hayas herido cuando te abriste en una relación anterior. Es probable que cuando eras niño te hayas encontrado con compañeros que les gustaba hacer daño.

Sin importar la razón, tu distancia interfiere con tu vida sexual. Por ejemplo, quizás haces preguntas a tu esposa durante la relación sexual. En tanto que tú estés haciendo las preguntas y ella esté contestando, mantienes una distancia segura.

Pero tu relación no puede sobrevivir ese distanciamiento. Tu esposa no querrá hablar de su deseo de estar cerca por temor a que te distancies más.

Para romper este patrón, necesitas saber quién eres y aceptarte de tal forma que puedas compartirte libremente con tu esposa. Quizás necesites

> Conócete a ti mismo, abre tu corazón, comparte y todo esto traerá como resultado la comodidad de la intimidad con tu esposa.

un consejero que te ayude a destruir esas barreras protectoras que rodean tu corazón. Así podrás permitir que tu esposa se acerque, y que tú te acerques a ella.

#16: El amante inhibido

Un hombre puede sentirse inhibido de muchas cosas: hablar de sexo, compartir su cuerpo, responder de manera sexual, comunicar sus sentimientos, ser tocado, permitir que acaricien sus partes sexuales, hacer ruido, tocar los genitales de su esposa, disfrutar de la lubricación de ella, o expresar sus necesidades y deseos.

Si tú eres un amante inhibido, tu esposa lo sabe. Aunque probablemente no sabe cómo hablarte acerca de tus inhibiciones y ayudarte a que las sobrepases.

Tú puedes vencer las restricciones que tus inhibiciones causan en ambos. Con tu esposa, define tus inhibiciones de manera específica. Escríbelas en un papel. En el otro lado, escribe cómo sería estar totalmente libre de tus inhibiciones.

Luego divide las acciones en pequeños pasos que te harán llegar a la libertad total con tu esposa.

#17: El amante que necesita el poder

El amante que necesita el poder quiere dominar. Él no puede responder cuando no se siente más poderoso que su esposa.

Cuando ella lo busca, él la rechaza. Él necesita que ella acepte las peticiones que él hace de actos sexuales que sabe que son difíciles para ella, o que se piden en un momento inconveniente. Él crea una lucha de poder que debe ganar.

Si esto te describe a ti, es muy probable que hayas tenido una lucha de poder con tus propios padres. Tu madre puede haberte dominado y controlado, o haberte abandonado. Tu padre probablemente te controlaba con su poder físico, quizás hasta golpeándote o avergonzándote.

Si la falta de poder te enoja o te preocupa, intenta conversar con el niño que hay en ti. Hazle saber que ya no necesita protegerse más del control de mamá y papá. Tienes una esposa que puede ser tu compañera si permites que esté a tu mismo nivel.

Para deshacerte de esa necesidad de poder, es probable que necesites ayuda profesional para entender cómo relacionarte con las mujeres, para identificar tus patrones de comportamiento con tu esposa, y para contrarrestar esos aspectos. La acción probablemente precederá a los sentimientos. El cambio sucederá como resultado de tu decisión para cambiar.

Cuando renuncies al poder, tu necesidad de él disminuirá. Gradualmente podrás sentirte cómodo aun cuando no seas «la persona de poder».

#18: El amante desinteresado

Se supone que los hombres siempre están deseosos de tener relaciones sexuales. Cuando a un hombre le falta ese interés, es probable que se sienta sin hombría.

La lucha con un bajo deseo sexual es más común de lo que la gente piensa. Cuando sucede, eso también preocupa a la esposa que quiere ser deseada y satisfecha.

Puede haber muchas razones para tener un bajo deseo sexual. El amante ingenuo, el aburrido, el inseguro, y el amante que evita la intimidad, todos ellos tienen sus propias razones.

Lo mismo sucede con las víctimas de abuso sexual o trauma; aquellos que fueron criados en un ambiente rígidamente antisexual, o por una madre dominante y controladora que denigraba a los hombres; y para aquellos que luchan con una adicción; fantasías homosexuales u otros deseos que interfieren con el deseo de la esposa.

Las circunstancias también pueden bloquear temporalmente tu apetito sexual. La preocupación de la tensión en el trabajo, los niños, o las finanzas pueden ser un obstáculo. La depresión, la ansiedad, o las fobias también lo son, especialmente si son fobias sexuales. Las enfermedades, el alcohol, las medicinas, o los cambios hormonales pueden ser causas físicas. Los conflictos en tu relación matrimonial pueden detener tu deseo. Una vez que estos problemas se resuelven, generalmente el deseo regresa.

Si tienes una falta de deseo debido a sentimientos de incompetencia sexual o asuntos emocionales más profundos o traumas, te sugerimos que vayas a una terapia sexual y a una psicoterapia. Si lo tuyo es un asunto de relación, entonces se necesita terapia conyugal. Un médico puede ayudarte a tratar con las causas físicas.

La ayuda está disponible. Tu mayor obstáculo no será encontrarla, sino tu falta de interés en hacer lo que es necesario para cambiar.

#19: El amante precipitado

Un hombre que se apura en el sexo puede ser inseguro, preocupado, orientado hacia objetivos, o no tener control de su eyaculación. Él puede creer que él es una maravilla de siete minutos; su esposa puede pensar que él es egoísta.

Si el control de la eyaculación es el problema, no estás solo. Entre un tercio y la mitad de los hombres que asisten a nuestros seminarios de sexualidad, desean aprender cómo durar más tiempo.

Al hombre que le hace falta esta clase de control eyacula durante el juego preliminar, o poco tiempo después de la penetración. Su esposa no tiene tiempo de responder.

Si éste es tu problema, es probable que sea un hábito que aprendiste durante la masturbación adolescente. O quizás no sabes cómo prestar atención a tu nivel de excitación para que puedas controlarlo antes de que llegues al punto de eyaculación.

Puedes aprender a controlar esta área. Tómate un par de meses para seguir los pasos que se presentan en uno de los libros disponibles, tales como el libro *Restaurando el placer* (Word, 1993). Ese libro y otros explican cómo condicionar tu cuerpo para extender el periodo de la excitación preorgásmica por tiempos cada vez mayores.

Si necesitas el consejo de un terapeuta en este proceso, no tengas temor de hacerlo. Descubrirás una pasión, una intensidad y una satisfacción sexual mayor a medida que dures más. Es probable que pases de ser la maravilla de los siete minutos a ¡ser maratonista!

#20: El amante preocupado

La ansiedad interfiere con el placer y el funcionamiento. La timidez, vigilancia, monitoreo, o el estar como espectador son características que pueden impedir que el hombre lleve a cabo el acto sexual debido a su dificultad en tener o mantener una erección.La ansiedad puede causar la disfunción eréctil de la misma forma en que lo puede hacer el insomnio. Uno no puede decidir cuándo quiere dormirse; en las condiciones adecuadas es probable que te duermas cuando estés cansado. Si te concentras en tratar de tener una erección, probablemente no sucederá. Pero si provees las condiciones adecuadas y te excitas, la erección ocurrirá de manera natural.

Si tienes dificultad de erección, asegúrate que no sea un problema físico. Probablemente necesitarás hacerte un examen que pruebe la presión sanguínea del pene, las erecciones nocturnas, los niveles hormonales y los efectos secundarios de los medicamentos.

Si éstas no son la causa, es probable que seas un amante preocupado. Aprende a dejar de enfocarte en el rendimiento y vuelve a enfocarte en el contacto placentero y deleitable de piel con piel.

Quizás ayude no tener coito por un tiempo. Tu esposa debe aprender a disfrutar de tu cuerpo y permitirte disfrutar del de ella sin la demanda de una respuesta. También necesitas tener la libertad de decirle a tu esposa cuando te sientas preocupado.

Si el método de autoayuda no es suficiente, quizás necesites a un terapeuta sexual. Vale la pena el esfuerzo. Puedes aprender a disfrutar del sexo sin la preocupación.

#21: El amante adicto

Si el sexo te controla, eres un adicto sexual. Dependes de la gratificación sexual para sentirte bien y sobrevivir. Tu comportamiento sexual, el cual está conectado a la ansiedad y la culpabilidad, es una compulsión.

Tu comportamiento probablemente tiene un ciclo que comienza con la preocupación. Tu deseo de actuar se acumula hasta que comienzas un ritual. Tu ritual puede incluir racionalizaciones: decirte a ti mismo que tus acciones no le harán daño a nadie, que nadie lo sabrá, que tú te lo mereces, que tu esposa no te está satisfaciendo, o que «algo de bueno» saldrá de lo que intentas hacer. Te desconectas de la manera típica en que piensas.

Entonces actúas. Esto puede incluir ver pornografía en el Internet, videos, televisión por cable, visitar un salón de masajes, buscar una prostituta, cometer adulterio, espiar, vestirse con ropa femenina, abusar, masturbarse, o demandar ciertas actividades sexuales de tu esposa.

Sin importar la conducta, siempre incluye el desahogo sexual. Con el desahogo viene el alivio, luego la desesperación y el remordimiento, seguido de una resolución a no volverlo a hacer. Esa resolución sólo dura hasta que el ciclo vuelve a comenzar. Puede ser un patrón que repites varias veces al día o varias veces al año.

Tú sabes si eres adicto. Tu esposa también lo sabe probablemente, aunque no lo haya podido admitir totalmente.

Si tú eres un amante adicto, tu comportamiento te está destruyendo a ti y a tu relación conyugal. Estás eligiendo el sexo de otra forma que no sea con tu esposa, infringiendo 1 Corintios 7.3-5. No estás cumpliendo con tu deber sexual para con tu esposa ni le estás dando autoridad sobre tu cuerpo.

Existe ayuda disponible, y eso es lo que necesitas. Libros *como Out of the Shadows: Understanding Sexual Addiction* del doctor Patrick Carnes (Hazelden Information Education, 2001) y el libro *Faithful and True* de Mark R. Laaser (Zondervan, 1996) son un buen sitio para comenzar. Se necesitarán la consejería y el compromiso a un programa específico de restauración.

Para tener y mantener el control de tu comportamiento, debes admitir que eres un adicto. Debes admitir que necesitarás ayuda permanente para mantener el control y aceptar que necesitas el perdón y el poder de Dios, al igual que una responsabilidad ante los demás, para vencer esta obsesión.

CUANDO EL PROBLEMA TIENE QUE VER CON ELLA

Cuando las relaciones sexuales no están funcionando y no te ves en la lista anterior, ¿qué debes hacer?

¿Y qué tal si es tu esposa la que está con problemas en alguna área de ajuste sexual o de satisfacción? ¿Y si ella no está interesada, o cuando lo está, no sucede nada? ¿Y qué tal si el sexo siempre le hace daño?

Si tú le has prestado atención a tus asuntos sexuales, entonces no eres responsable del hecho de que el cuerpo de tu esposa no esté funcionando. Pero puede ser que tú seas parte de la solución.

> **Puede que no seas responsable de que el sexo no esté funcionando con tu esposa, pero puedes ser una parte vital de la solución.**

Su falta de interés

Esta es la razón más probable de que una mujer no está interesada en el sexo: ella lo asocia con dolor emocional, trauma, decepción, o una violación. Ella pudo haber sido expuesta a la pornografía, a caricias sexuales u otra clase de abuso sexual infantil; quizás tuvo una cirugía genital traumática cuando era niña o adulta; o tal vez fue asaltada sexualmente cuando era una adulta.

Probablemente la segunda razón más común de la falta de deseo es un esposo que persistentemente busca el sexo. Si eso es así, ella necesitará tiempo para poder conocer su propia sexualidad una vez que tú te hayas refrenado.

La tercera, y quizás la más tenaz, razón de desinterés es debido a haber crecido en un hogar alcohólico, especialmente con un padre alcohólico. La hija de un alcohólico tiende a resistirse hasta que ya se encuentre físicamente excitada; entonces ella puede responder fácilmente y tener un orgasmo, pero después rápidamente pierde el interés. Ella sabe cómo perder el control, pero detesta ese sentimiento que le recuerda a su hogar alcohólico.

Una mujer puede tener poco interés en el sexo por otras razones: no sentirse apreciada, ver el sexo como un evento mecánico con el cual se desahoga el hombre, creer que el placer es pecaminoso, o nunca haber oído un mensaje positivo acerca del sexo dentro del matrimonio. Y al igual que en el hombre, la tensión de la vida y las relaciones, los asuntos emocionales y físicos y los medicamentos pueden mitigar los deseos sexuales.

> Tu habilidad de cuidar a tu esposa es el comienzo de una asociación positiva entre tú y su respuesta sexual; el interés sexual seguirá como resultado.

Sea cual sea la causa del desinterés de tu esposa, tú puedes ser una parte importante de la solución. Tu sensibilidad será un gran comienzo. Fastidiar, forzar u obligarla debe ser algo que debes dejar de hacer. «Ve al mismo paso que ella» por amor a ella, sin esperar obtener algo y ella se abrirá a ti. Anímala a que busque consejería si la necesita y coopera con el proceso.

Cuando ella sienta que tú te preocupas por ella, la asociación negativa que tiene tu esposa con respecto al sexo se volverá positiva. Cuando su respuesta sexual está vinculada al sentimiento de ser apreciada y comprendida, más que con el dolor, la búsqueda o el trauma, su deseo se irá desarrollando.

La dificultad de tu esposa para excitarse

Sin contar el impacto de los cambios hormonales, una mujer pocas veces tiene dificultad en reaccionar a la excitación con acciones como la lubricación vaginal o la erección de los pezones. Con frecuencia, sin embargo, ella no se da cuenta de estas reacciones; sus emociones no van al mismo ritmo que su cuerpo.

La mujer que no siente la excitación sexual se preocupa generalmente de mantener a su esposo feliz o de tratar de reaccionar para él. Ella no ha aprendido a sintonizarse con sus deseos y necesidades sexuales.

Tu esposa puede que necesite permiso para buscar el sexo y obtener su propio placer personal. Tú puedes liberarla para que ella haga eso. Anímala para que busque sus propios deseos en lugar de enfocarse en los tuyos. Que sepa que mientras que ella se sienta feliz, tú también lo estarás. Y por lo tanto no necesita intentar reaccionar.

Probablemente necesitarás ir más despacio para que el enfoque sea en el placer más que en los resultados. Ella probablemente descubrirá el potencial sexual que está esperando poder ser expresado. Recuerda, tú obtendrás la respuesta cuando dejes de buscarla. Disfruta la experiencia deliciosa de trabajar en este proyecto juntos.

La dificultad de tu esposa de tener un orgasmo

¿Cómo te sentirías si tú nunca o casi nunca tuvieras una eyaculación? De la misma forma que hay acumulación del esperma y fluido seminal en el hombre, el proceso de excitación causa que la mujer se sienta llena y físicamente preparada para la respuesta orgásmica. Si el orgasmo no ocurre, con el tiempo ella va a ir bajando el ritmo de manera que cada vez se va sintiendo menos excitada hasta que finalmente ya no quiere tener relaciones sexuales.

¿Cómo puedes ayudarla? Acepta que su orgasmo no te convertirá en el amante de los amantes. Tú no eres responsable de que ella pueda obtener un orgasmo y ella no es responsable de tener uno para ti.

El deseo del orgasmo debe venir sólo de ella. Libérala para que no sienta la necesidad de tener un orgasmo para ti, sino que sepa que tú harás lo posible para que ella obtenga el placer que desea.

Ya que ella nunca tendrá un orgasmo como un acto voluntario, anímala a que lo deje de intentar y tú deja de intentar darle uno a ella. Disfruta de su cuerpo por placer más que por reacciones; que sepa que tú te deleitas con ella. Si ella disfruta activamente de tu cuerpo eso hará que se distraiga de su timidez y pueda iniciar las respuestas naturales e involuntarias de su cuerpo.

Invítala a que comparta contigo cuáles son los deseos de su cuerpo. Si ella no lo sabe, experimenten juntos. Trata diferentes tipos de caricias en varias áreas de su cuerpo; deja que ella te diga cómo se siente cada caricia, sin pensar en la reacción que produzca en su cuerpo.

> Ella tiene el papel principal; tú eres el actor secundario. Amplía su potencial sin presionarla para que tenga un buen rendimiento.

Acepta que ella es la experta de su cuerpo. Lo que funciona en una mujer puede que no funcione en otra. Mírate a ti mismo como un actor secundario en una película; ella es la estrella. Tu papel es hacer todo lo que puedas para respaldarla; para llevarla al punto donde su potencial sexual pueda realizarse.

Su dolor le interrumpe su placer

El sexo fue diseñado para ser una experiencia placentera. No para que doliera.

Cuando el sexo es doloroso para una mujer, el médico puede tener problemas en localizar la fuente del dolor. Ya que los genitales de la mujer se ven normales en un examen, la mujer puede creer, directa o indirectamente, que el dolor se encuentra en su cabeza.

Nuestra respuesta es: «¡No. Se encuentra en su vagina!» Después de veinte años de tratar a mujeres que experimentan un coito doloroso, nunca hemos visto una mujer que haya creado o imaginado su dolor.

¿Puede el dolor surgir como resultado de la tensión? Absolutamente. Pero con mayor frecuencia, el dolor se debe a un músculo tenso que resulta a causa de un trauma, una infección, una irritación, una ruptura, o alguna otra condición física. Aun si el dolor es causado por la ansiedad, no deja de ser doloroso. Requiere de intervención física.

> El dolor siempre necesita ser tomado en serio y al momento.

¿Qué puedes hacer? Tomar en serio su dolor. No sigas causándole experiencias dolorosas.

Ayúdala a identificar la naturaleza de su dolor. ¿*Cuándo,* exactamente, ocurre el dolor durante el acto? Que señale *donde* se siente el dolor. ¿Se encuentra en la parte externa de la vagina? ¿Exactamente dentro de la apertura? ¿Alrededor del músculo que controla la apertura de la vagina, o más adentro? ¿Es un punto o un área? ¿*Qué* tipo de dolor es? ¿Hinca, da piquetes o causa una irritación general?

Una vez que tu esposa pueda responder a esas preguntas, ella podrá ayudar a que el médico sea más efectivo en diagnosticarla o en el tratamiento. Si su doctor no está dispuesto o no puede identificar el origen del dolor, ella debe seguir buscando. Quizás necesite encontrar a un especialista de dolor en la vulva, que se haya especializado en ginecología y urología.

Hasta que el dolor de tu esposa haya sido mitigado, tu vida sexual no será satisfactoria. Ella necesita que tú seas su aliado, que le asegures una y otra vez que siempre hay una respuesta y que siempre hay alguien que la puede ayudar.

CONVIÉRTETE EN EL AMANTE DE TU ESPOSA

¿Qué clase de amante quieres ser para tu esposa?

Tal vez te viste parcialmente en algunas de las 21 descripciones de amantes disfuncionales. Esperamos que estés planeando en empezar a cambiar eso.

Tu cuerpo no es tuyo, es de ella. Cuando aprendes a dar y a ser un amante servidor, harás que haya una mayor pasión, amor e intimidad en tu matrimonio.

Lograrás contrarrestar la desilusión que frecuentemente resulta cuando un esposo no quiere salir de su mundo y entrar en el de ella.

Sin importar si es una parte tuya o una parte de ella la que no está funcionando, definir cuáles son los asuntos y aplicar las soluciones hará que los dos se acerquen mutuamente. Tu ganancia será el deleite de una vida sexual completa y sin barreras, o para ponerlo de otra forma, será mucho más divertido en la cama con tu esposa.

— CAPÍTULO OCHO —

TU MATRIMONIO A PRUEBA DE ADULTERIO

Proteger tu matrimonio pareciera no ser necesario. Probablemente tú y tu esposa estén comprometidos firmemente el uno con el otro y con Dios; la infidelidad no es una opción. ¿No es cierto que el amor por el cónyuge haga que uno no se sienta atraído a otra persona?

Considera la historia de Sam y Jenny:

Habían estado casados por doce años. Consideraban que su relación era sólida. La única tensión que tenían era con respecto al sexo: la falta de interés de Jenny verdaderamente molestaba a Sam, y ella sentía que sólo le era valiosa a Sam en el aspecto sexual.

Sus hijos estaban en la escuela, así que Jenny decidió regresar a trabajar tiempo parcial como contadora de una gran compañía. Al hacerlo, conoció a Bill.

Él era un contador que trabajaba a su lado. Bill había acabado el papeleo de divorcio con su esposa haciá dos meses. Él comenzó a hacer preguntas a Jenny acerca de cómo lidiar con los niños; Jenny poco a poco fue compartiendo más y más con él.

Un día esto le impactó: *Bill se preocupa por mí como persona, no sólo está interesado en mi cuerpo.*

Probablemente allí fue cuando empezó el asunto amoroso.

ENTENDIENDO TU VULNERABILIDAD

Aunque tomes muy en serio las instrucciones de la Biblia de ser una sola carne como esposo y esposa y no permitir que se manche el lecho matrimonial, también eres humano.

En la revista *Marriage Partneship,* Harold B. Smith entrevistó a varios hombres acerca de sus luchas en esta área:

> DAN: La idea de una mujer hermosa que siempre te desee, que siempre te seduzca, que no esté enojada contigo, y con quien no tengas que estar lidiando a un nivel emocional, es muy atractiva. Y llevé esa fantasía a mi matrimonio.
>
> MIKE: Supongo que mi fantasía es tener una mujer que me desee tanto que no pueda apartarse de mí. Pero eso es una fantasía porque, número uno, mi esposa no es así, ¡aunque tiene suficiente tendencia como para seguir deseándolo! Y número dos, pienso que iniciar el acto es mi responsabilidad. Necesito cortejarla, hacerle saber que la deseo, que me encantaría hacerle el amor. Y creo que ella quiere eso.
>
> KENT: Me sorprendió darme cuenta que la lujuria no se detiene con el matrimonio. Más bien crece, porque ahora tienes a alguien con quien tener relaciones sexuales y el mundo sensual que está a tu alrededor te dice: «Intenta esto. ¡Y ahora esto!» De alguna forma crees que todas las imágenes de la sexualidad transmitidas por los medios de comunicación deben ser experimentadas en tu propia vida amorosa.[1]

Cuando el otro lado se ve mejor

Una vez que tú vives con alguien día tras día, año tras año, tiendes a ver sus defectos. Aquellas características que una vez te intrigaban ahora te irritan.

Cuando Jenny parecía ponerse difícil, por ejemplo, Sam se sentía desafiado a conquistarla. Inicialmente, cuando él reaccionaba de esa forma hacia el cuerpo de ella, Jenny reaccionaba con excitación. Pero eso ya no volvió a suceder más.

Ni Jenny ni Sam contemplaron este hecho: lo nuevo excita y esconde los defectos.

Las situaciones proveen oportunidades

Los sentimientos hacia una persona del sexo opuesto pueden desarrollarse cuando uno está en contacto frecuente o continuo con esa persona. La atracción y el apego tienen oportunidad de crecer. Puede suceder con los compañeros de trabajo, amigos cercanos, o vecinos. Puede parecer muy natural, casi irresistible ¡y tan correcto!

Por otro lado, puedes trabajar junto a una persona por muchos años, estimarla profundamente, hasta quererla, pero nunca sentirse atraído a esa persona. Es por eso que es tan importante conocerse a sí mismo y al tipo de persona que te hace vulnerable.

Las atracciones circunstanciales le suceden con más frecuencia a algunas personas más que a otras. Si tú o tu esposa tienden a ser vulnerables en esta área, empieza a vigilar el fuerte de tu hogar.

No se sabe por completo qué es lo que hace que algunas personas sean más propensas al adulterio. Algunos parecen ser radares que buscan oportunidades; otros parecen emanar vibraciones que atraen.

> Conócete a ti mismo y conoce cuál es tu vulnerabilidad.

Tampoco es claro por qué algunas personas llegan a tener sentimientos entre ellas y por qué otras no. Algunos factores —el olor corporal, la personalidad intelectual o emocional— pueden ser la causa. Tú y tu esposa deben llegar a un entendimiento de las categorías que tienden a atraerlos mutuamente, y ambos deben rendirse cuenta mutuamente con respecto a las personas que son «de tu tipo».

Según Harville Hendrix en su libro *Getting the Love You Want*, es más probable que tú te juntes con alguien con quien sientas poder recibir el amor paternal o esa reafirmación que nunca recibiste. Sentirse atraído a alguien puede que tenga que ver con el deseo de ver a uno de tus padres en esa persona.[2]

El cambio de vida aumenta la vulnerabilidad

Cualquier cambio en la vida, positivo o negativo, produce tensión ya que sacude tu sentimiento de seguridad. La intensidad del cambio de vida determinará qué tan susceptible eres a una conexión externa.

Así le sucedió a Jenny. Después de vivir como ama de casa por doce años, ella obtuvo un nuevo trabajo. Su deseo de realizar un buen trabajo, de vestirse profesionalmente, de interactuar diariamente con adultos, fueron condiciones de cambio que aumentaron su vulnerabilidad.

> **El deseo de un cambio en el hogar puede también aumentar la posibilidad de responder a una atracción.**

La reacción de Jenny hacia Bill aumentó debido al deseo que ella tenía de que Sam compartiera con ella y la escuchara de la misma forma en que lo hizo Bill. Aunque ella nunca pensó: *Si tuviera una aventura amorosa con Bill, Sam me pondría atención a mí y no al sexo y así le haría entender lo que necesito de él,* eso fue lo que sucedió.

La inseguridad busca la valoración

Imagínate que no te sientes seguro de ti mismo. Cuando crecías, tenías que rendir para poder obtener la atención o el amor de tu madre. Ahora tu esposa tampoco parece reafirmarte. Algunas veces pareciera que todo lo que ella te da es una lista de cosas por hacer o de maneras en que a ella le gustaría que fueras diferente.

Tú vas a trabajar. Tu colega femenina piensa que eres el mejor en lo que haces.

¿Qué sucede cuando ella te mira a los ojos y te dice: «Caramba, eres increíble»?

O imagínate que tu esposa nunca se ha sentido bien consigo misma. Cuando otras chicas estaban desarrollándose físicamente, ella todavía se miraba plana; nunca se desarrolló tanto como lo hubiera querido. A ti eso nunca te ha molestado, pero tus palabras parecen que no sirven de nada. Su incomodidad con su cuerpo hace que no desee disfrutar del sexo contigo.

¿Qué sucede cuando el vecino expresa su atracción hacia ella?

Las tendencias adictivas cautivan

La carga de adrenalina al hacer algo malo puede provocar una pasión y una excitación sexual.

Si tú tiendes a asociar el riesgo y la culpabilidad con el sexo, puede haberse originado con la masturbación o pasarse de la raya con tu novia. Cuando sentimientos sexuales emergen por primera vez en asociación con una actividad que se piensa que es ilícita, probablemente el sexo se experimente como un buen sentimiento cuando está mal, y pierde intensidad en el contexto del matrimonio, donde se le considera como algo bueno.

Nos hemos dado cuenta que los patrones sexuales son condicionados fácilmente. La actividad o el evento que evoca sentimientos sexuales y reacciones la primera vez pueden convertirse en la condición necesaria para toda excitación y respuesta sexual en el futuro.

Esa es una razón por la cual somos tan categóricos en que los padres enseñen a sus hijos a reafirmar los sentimientos sexuales y a responsabilizarse por sus acciones. Los niños deben saber que Dios diseñó sus genitales con sentimientos y reacciones sexuales maravillosas y que Él diseñó la unión sexual y el placer como una parte que se espera

> Si el sexo es bueno solamente cuando es algo incorrecto, no podrá ser genial cuando sea algo correcto.

de la relación matrimonial. Enseñarle a los hijos a no tocarse sus genitales, por ejemplo, los llevará a una culpabilidad irreal y pensarán que la conexión de lo bueno, de los sentimientos sexuales dados por Dios, está relacionado con hacer lo malo.

Una persona que asocia el sexo con el riesgo y la culpabilidad llegará al matrimonio sin poder disfrutar del potencial completo del sexo cuando es lo correcto —y será más vulnerable a tener relaciones sexuales cuando es lo incorrecto.

Un matrimonio infeliz provee una excusa

No existe un matrimonio que no tenga algún descontento. No existe un cónyuge que satisfaga todas las necesidades de una persona.

Sin embargo, si no realizas muchos de los diez secretos de amor para un matrimonio duradero que aparecen en el libro del doctor Neil Clark Warren *Aprendiendo a vivir con el amor de tu vida... ¡y a disfrutarlo!*, estás en riesgo de adulterio.[3]

Si no mantienes tu cuenta de banco emocional matrimonial lleno tal como lo recomienda Gary Smalley en el capítulo sobre matrimonio del libro *Go the Distance: Making of a Promise Keeper,* eres más vulnerable a la infidelidad.[4]

Si no administras la proporción de cinco positivos por cada negativo que el doctor John Gottman considera esencial para que un matrimonio dure (descrito en su libro *Why Marriages Succeed or Fail*), estás en peligro de infidelidad.[5]

Los matrimonios infelices no son una excusa para el adulterio, excepto en las mentes de aquellos que la utilizan como racionalización.

PREVÉN EL ADULTERIO

Encontrar la intimidad fuera del matrimonio puede ser algo tentador cuando la vida en el hogar se vuelve aburrida, o cuando sientes que estás dando más de lo que recibes. Pero no sólo está mal, es algo caótico.

Mantener tu matrimonio libre de infidelidad es un compromiso que puedes hacer. Mantener ese compromiso valdrá la pena.

Nadie está exento

Primero, acepta la realidad y tu vulnerabilidad. Puede que no estés viendo otros horizontes, no te sientas atraído a una compañera de trabajo o a una vecina, no enfrentes un cambio o no quieras realizar ningún cambio en tu matrimonio, o no eres inseguro o adicto. Puede que te deleites con tu esposa y ella contigo. Pero no estás exento de la tentación. Eres humano.

La instrucción de la Biblia es clara: Debemos escoger a un cónyuge y comprometernos a vivir fielmente con él o ella por el resto de nuestras vidas. No dice que porque hagamos esa elección, no nos sentiremos atraídos a otras personas. Somos seres sexuales que reaccionamos y nuestra reacción no es selectiva.

> El amor conyugal es desafiado cuando la tentación prueba tu creencia de que el amor prevendrá el adulterio.

Cuando no estás protegiendo tu matrimonio, puedes ser tomado por sorpresa. Los sentimientos por otra persona pueden tomarte de un momento a otro, o pueden desarrollarse gradualmente sin que te des cuenta cómo sucedió. No tiene nada que ver con el amor, pero la infatuación puede parecer más intensa aún.

Puede que nunca te suceda esto. O puede que te suceda una o dos veces en tu vida. Si eso te sucede, tu suposición de que sólo el amor te protegerá causará que cuestiones ese amor.

Un matrimonio sólido es un escudo protector

Los matrimonios sólidos tienden a repeler la infidelidad. Pero los matrimonios sólidos no ocurren de la noche a la mañana. Las siguientes son seis maneras de desarrollar la clase de relación que protege contra la infidelidad.

1. *Invierte tiempo y energía.* Muchas veces un hombre o una mujer se quejan de su matrimonio, pero no invierten nada en mejorarlo. Cuando una atracción extramarital se asoma, esa misma persona que critica al matrimonio es la misma que hace grandes esfuerzos por hacer que la nueva conexión funcione.

Si hubiera un gran compromiso en el matrimonio, *Hot Monogamy* (el título de un libro escrito por la terapeuta Patricia Love[6]), la monogamia sería inevitable. Tal como lo dijimos antes, invierte al menos quince minutos al día, una noche cada semana, un día cada mes y un fin de semana cada temporada. Esta es la fórmula Penner para tener un matrimonio duradero.

2. *Entiende y acepta las diferencias en ambos.* Aunque la singularidad femenina de tu esposa fue lo que probablemente te atrajo a ella, quizás sientas la frustración del profesor Henry Higgins en *Mi bella dama*: «¿Por qué una mujer no puede ser más como un hombre?»

No esperes que tu esposa llegue a ser como tú. Y recuerda que esas diferencias pueden beneficiarte más que ir en tu contra si las entiendes y las aceptas.

3. *Busquen intereses en común.* Tal vez tú y tu esposa han olvidado cuáles eran los sueños que compartían. ¿Qué era lo que disfrutaban hacer juntos cuando se cortejaban? ¿Qué era lo que anticipaban cuando planeaban su matrimonio? ¿Qué nuevas ideas han tenido desde ese entonces? ¿Has puesto atención a las metas y los pensamientos de ella?

4. *Desarrolla la unión.* Frecuentemente, nos llegan cartas y llamadas de mujeres que se sienten frustradas con la falta de conexión espiritual y emocional de sus esposos hacia ellas. Te recomendamos que dediques quince minutos al día a mantener esa conexión. Si lo haces, si hablas, lees la Biblia y oras con tu esposa, ella estará más entusiasmada en la cama y tu relación se fortalecerá.

5. *Diviértanse y jueguen juntos.* Deja que el niño en ti juegue con la niña en ella. Pero ten cuidado con las burlas. Muchos niños fueron criados con burlas hirientes que luego traen al matrimonio y las utilizan para hacer daño. Deléitense mutuamente. Para más información acerca de ideas de juegos, lee el capítulo 11.

6. *Renueva tu compromiso con ella.* Tal como lo aclara 1 Corintios 13, el amor no es un sentimiento; es un compromiso de comportarse amorosamente el uno con el otro. Se nutre con la demostración del respeto, la ternura, y consideración. Se daña con el sarcasmo, la crítica, la negligencia y el descuido.

Por tanto honra tu compromiso mediante lo siguiente:

- nunca te rindas
- preocúpate más por ella que por ti mismo
- no desees lo que no tienes
- no seas arrogante
- no te llenes de vanidad
- no obligues a tu esposa
- deja de pensar en el concepto «yo primero»
- no pierdas los estribos
- no lleves la cuenta de las cosas que hace mal tu esposa
- no te deleites en ver a tu esposa pidiendo perdón
- disfruta cuando florece la verdad
- aguanta todo
- confía siempre en Dios (adaptado de la paráfrasis de 1 Corintios 13, versión El mensaje).

Una mente pura controla las acciones

Proverbios 23.7 declara: «Porque cual es su pensamiento en su corazón, tal es él».

En psicología, hablamos del ensayo mental. Por ejemplo, un orador puede ensayar su temor a tropezar cuando él habla y es muy probable que eso cause que realmente tropiece, o él puede lidiar con su temor a tropezarse visualizándose hablar en público y haciéndolo con fluidez. Lo que ensaya mentalmente afectará el resultado de su presentación real.

Tú puedes aumentar el peligro de adulterio si en tu mente ensayas fantasías de infidelidad. Cuando pasan de ser pensamientos flotantes y se convierten en lujuria, ellos pasan de ser una tentación y se convierten en el pecado de cometer adulterio en tu corazón (ver Mateo 5.28).

Si deseas protegerte de adulterio, llena tus pensamientos con imágenes de relaciones sexuales, divertidas, amorosas y fantásticas con tu esposa. Libera tu mente de cosas que estimulen el adulterio, cosas como revistas, sitios de Internet, videos, películas o programas de televisión. Estudia mensajes bíblicos y positivos acerca de la sexualidad. Lee el Cantar de los Cantares con tu esposa.

Las salidas rápidas previenen el desastre

¿Cuál es tu plan para huir de la tentación del adulterio?

Debes tener un plan de acción y ensayarlo mentalmente. Discute con tu esposa qué harían si se dan cuenta que están sintiendo una conexión con otra persona. Cuando la tentación llega, actúa rápida y decididamente:

1. Dile a alguien que no sea la persona a la que te sientes atraído. Si tu matrimonio tiene una relación muy madura, cuéntale a tu esposa.

2. Busca alguien más, además de tu esposa, a quien darle cuentas de tus acciones.

3. Sepárate de esa persona por la que te sientes atraído. Eso puede significar cambiar de empleo.

4. Piensa en un plan para contrarrestar la tentación en caso de que accidentalmente te pongas en contacto con esa persona.

5. Ensaya el consejo #4 con frecuencia.

6. Rehúsa caer en fantasías que nutran la tentación.

7. Entrégate a tu matrimonio, leyendo la palabra de Dios y orando.

No permitas que te suceda a ti

Practicar la fidelidad en tu mente y en tus acciones te dará un gozo duradero a ti como persona y a tu relación con tu esposa.

> Bebe el agua de tu misma cisterna. Y los raudales de tu propio pozo. ¿Se derramarán tus fuentes por las calles y tus corrientes de aguas por las plazas? Sean para ti solo y no para los extraños contigo. (Proverbios 5.15-17)

CAPÍTULO NUEVE

TEN UNA AVENTURA CON TU ESPOSA

¿Estás buscando una chispa sexual en tu vida? El mejor lugar donde encontrarla es en el hogar.

Dan y Kate disfrutaban su vida sexual y tenían las cualidades de un gran matrimonio. Pero como ambos trabajaban y ocupaban su tiempo en las vidas de sus tres hijos, el sexo no sucedía con la frecuencia que ellos deseaban.

Un día, Dan tenía una reunión con una cliente muy atractiva. Se comenzó a imaginar que la estaba persiguiendo. Dan se alarmó.

Y entonces pensó, *¿Por qué no hacer eso con Kate?*

Ese pensamiento lo hizo buscar una aventura con su esposa.

¿POR QUÉ UNA AVENTURA?

No estamos animándote a que fantasees con la infidelidad, o que lleves a cabo un asunto amoroso ilícito para «ponerle gusto» a tu vida sexual. Te estamos animando a que tengan una aventura como ustedes mismos, algo más que sólo planear un tiempo a solas. Los momentos especiales a solas para una pareja son vitales para mantener la relación nutrida, pero una aventura con tu esposa es algo que sólo la monogamia puede realizar.

El gancho de la adrenalina

La adrenalina es una hormona que se descarga en el cuerpo como una reacción a la tensión y a las emociones intensas. Su cualidad revitalizadora puede hacer que individuos tengan una aventura amorosa.

> La pasión morirá sin la expresión de una gran cantidad de emociones poderosas.

Afortunadamente, tener una aventura amorosa no es la única forma de experimentar el fluir rápido de la adrenalina. Una aventura erótica con tu esposa lo puede lograr también.

Para mantenerse vivo y vibrante, tu matrimonio necesita la intensidad. La pasión morirá sin la expresión de una gran cantidad de emociones poderosas. El lazo que se forma al abrirse mutuamente sin inhibiciones a través de compartir una aventura producirá la suficiente adrenalina en tu sangre para contraatacar la actitud de «no valorarse» de una relación comprometida a largo plazo.

El poder de la novedad

En una aventura, todo es nuevo. Las dos personas no se conocen. Descubren sus cuerpos, sus emociones y sus intelectos aunque el contexto sea incorrecto. Las irritaciones y las decepciones no han surgido aún. No hay responsabilidades, ni crisis, ni cargas que llevar.

¿De qué manera esa anticipación y ese descubrimiento puede ocurrir entre dos personas casadas que se conocen íntimamente? ¿Cómo puede suceder si tienen que trabajar para pagar la hipoteca, destapar el drenaje de la bañera, cuidar del niño que vomita a la medianoche, o tratar de ignorar los mutuos hábitos molestosos?

Crear una dimensión de novedad en tu matrimonio será más difícil que producir un poquito de adrenalina. ¡Pero lo puedes hacer! Te damos tres sugerencias:

1. *Sé un nuevo tú.* Comienza con una remodelación personal. Conviértete en un nuevo hombre eliminando los hábitos de los cuales se queja tu esposa.

Si le molesta cuando te rascas la cara, el cráneo o cuando te sacas los mocos, ¡deja de hacerlo!

Si ella te pide que tengas empatía y la apoyes en lugar de ofrecerle soluciones cuando está angustiada, ¡Hazlo!

Si ella te ha dicho que cuelgues la ropa limpia y pongas la sucia en la canasta, ¡empieza a hacerlo inmediatamente!

Si solías vestirte elegantemente cuando la cortejabas, ¡vuélvelo a hacer!

Una de las parejas con la que estuvimos trabajando, se encontraba separada. Estaban intentando resolver sus problemas y volverse a unir. Les gustaba andar en bicicleta juntos, pero a ella le disgustaba cómo él se vestía cuando salía a andar en bicicleta.

Un día él la llamó a su celular, y le pidió que lo fuera a ver.

Ella le preguntó: «¿Dónde estás?»

Él le dijo que mire al otro lado de la calle. Habían varios ciclistas. Finalmente ella notó a un tipo con un traje de ciclista totalmente nuevo y se dio cuenta que era su esposo. Ella no sólo empezó a reírse, sino también que se dio prisa en ir hasta donde él estaba.

Hay muchas formas de crear un nuevo tú. Aun las pequeñas cosas o correcciones marcarán la diferencia.

2. *Busca un nuevo ambiente.* Puede ser un hotel, un motel, un centro turístico, una casa rodante, un bote, un tren, o un campamento. Tu hogar puede ser también un lugar para una aventura erótica con tu esposa, pero tendrás que invertir tiempo y energía para crear un ambiente dentro de un espacio familiar.

Sin importar el lugar que escojas, haz que sea diferente a lo que ambos están acostumbrados a ver.

> Hay tanto potencial desperdiciado en los matrimonios; hay tanta novedad esperando ser descubierta.

3. *Descubre una nueva experiencia.* Es natural repetir la misma experiencia sexual una y otra vez. Pero existe tanto potencial desperdiciado en los matrimonios, y tantos maravillosos nuevos momentos por descubrir. A veces nos asombramos que

después de cuarenta años de matrimonio, podamos encontrar algo totalmente nuevo acerca de uno de nosotros que traiga un nuevo despertar de nuestro mutuo deleite sexual.

Puede que te sientas acomplejado o tonto comportándote o vistiéndote de una manera diferente a la que sueles. No te tomes tan en serio. Si buscar un nuevo ambiente o crear una nueva experiencia te parece imposible, utiliza un libro de sugerencias.

Si la aventura no va a ser una sorpresa, inclúyela en la diversión de planearla. Las aventuras eróticas pueden desarrollarse como un esfuerzo mutuo, no sólo como un cónyuge en pos del otro.

Aunque te sientas reacio a aventurarte más allá de los límites de tus hábitos actuales, experimentarás una renovada vitalidad con tu esposa gracias al esfuerzo de conquistar nuevamente su corazón.

¿CÓMO ES UNA AVENTURA?

Cuando la pasión de una relación comienza a desvanecerse, el remedio es la disposición a arriesgarse, a vivir la vida con una vulnerabilidad y una apertura emocional, a buscar la novedad, a hacer lo inesperado.

Imagínate por un segundo el riesgo que Dan hubiera tomado si hubiera buscado a su cliente más que a su esposa. Hubiera tenido que arriesgarse a que ella supiera de su atracción hacia ella sin saber si ella se sentía atraída a él. Tal vez hubiera dado el primer paso y continuado con lenguaje físico, miradas, llamadas telefónicas y después acción.

Dan hizo exactamente eso, pero con su esposa, Kate. La llamó y le habló. Expresó interés en ella y lo que estaba sucediéndole ese día y de lo impresionado que él se sentía por la forma en que ella estaba encargándose de un proyecto en el cual estaba trabajando. Él la cortejó.

Al principio Kate cuestionó los motivos de Dan, pero él siguió mostrándole pensamientos positivos y afecto hacia ella. La invitó a almorzar para conversar acerca de algunas decisiones que necesitaban hacer, probablemente la excusa que él hubiera usado para sacar una cita para almorzar con su cliente.

Kate aceptó con curiosidad. Ese fue el inicio de la aventura sexual revitalizadora de esa pareja.

¿Estás dispuesto a dar el paso para conquistar a tu esposa y a aceptar los riesgos que eso involucraría? Puede que te rechace. Dan pudo haber sufrido un rechazo. Pero el riesgo hizo fluir la adrenalina y le dio una nueva dimensión a la vida sexual de él y de su esposa Kate.

Conocer a alguien es un riesgo también. Puede que pienses que sabes todo de tu esposa, pero existen muchos detalles que todavía no se han revelado. Estos descubrimientos pueden traer vitalidad al matrimonio. La pasión que deseas puede resurgir después de haber estado enterrada por años.

Conocer a tu esposa puede parecerte difícil, asumiendo que te sientes cómodo y unido a ella. Quizás debas recordar cómo te ganaste su confianza y su amistad al principio. Conquistándola nuevamente probablemente avivará el romance en ambos.

Quizás te sientas raro si no te has comportado de manera encantadora con tu esposa desde hace mucho tiempo. Pero el riesgo de probar algunas de esas conductas de la etapa de cortejo también puede subir los niveles de adrenalina y de vitalidad.

Cinco claves para la aventura

Los siguientes son cinco ingredientes que pueden hacer que tu aventura sexual con tu esposa sea un éxito.

1. *Comparte un secreto.* Un secreto entre dos personas puede ser algo que los una. Crear una aventura secreta con tu esposa hará que la adrenalina fluya y traerá novedad a la relación.

Es genial que el esposo y la esposa tengan secretos, información y experiencias que han compartido y que nadie en todo el mundo, ni siquiera sus terapeutas saben.

Los secretos unen, así que ¿Por qué no unirse ambos más íntimamente?

2. *Planea con anticipación*. Tú puedes crear música bella en tu matrimonio, orquestando una aventura erótica que tenga precisamente el ritmo, la intensidad, el balance, los crescendos y los descrecendos adecuados. Debes saber lo que les gusta y les disgusta a ambos y cómo debes responder a esas situaciones. Así podrás planear.

Cuando Dan y Kate se juntaron para almorzar, él ya tenía toda la tarde preparada. Él sabía que ella respondería de manera positiva a una sorpresa, así que sin su conocimiento, él se encargó de que alguien cuidara de los niños después de la escuela, empacó ropa apropiada, reservó un lugar privado en un restaurante nuevo y verificó el cuarto del hotel para asegurarse que tenía todas las cosas que los harían disfrutar de esa reunión de la tarde.

3. *Demuestra tu mejor comportamiento*. Haber invertido tanto en tu aventura con tu esposa hará que te sientas muy motivado para demostrar tu mejor comportamiento.

Dar lo mejor de ti hará que el evento sea mucho mejor. Recuerda que por lo general se necesita un planeamiento cuidadoso para dar lo mejor a la mujer que amas.

4. *Dedica tiempo y energía*. Siempre nos asombra descubrir cuántas horas y cuánto esfuerzo desperdicia la gente en un adulterio. Es probable que pienses que no tienes ni el tiempo ni la energía para una aventura con tu esposa. Pero si deseas intensidad en tu intimidad, debes estar dispuesto a invertir de tu parte. Tendrás resultados.

5. *Seduce a tu esposa*. ¿Consideras que la mujer entusiasta y animada con la que te casaste se ha vuelto trivial ahora? Tú puedes deslumbrarla y despertar su vibración sexual. Si tienes la fortuna de estar casado con una mujer que ha guardado su pasión y hasta la has visto florecer, ella se avivará aún más como respuesta a tu seducción.

Para atraer a una mujer, uno debe primero quitarse las heridas y los resentimientos pasados. Pide disculpas cada vez que sea necesario.

Si tu esposa se siente apreciada, comprendida y valorada por ti, la respuesta que recibirás será positiva y animada. Quizás intentes preceder la seducción con una conversación acerca de cómo se siente ella acerca de ambos como pareja. Asegúrate de que estés bien con ella.

El rey Salomón es un ejemplo excelente de un seductor. Él elogiaba, piropeaba y se deleitaba en su esposa. Ella le respondía invitándolo a disfrutar de su cuerpo. ¡Adelante!

UNA PUERTA A LA AVENTURA

La doctora Elaine Hatfield, una psicóloga especializada en la investigación del amor, informa que el amor apasionado disminuye después de los primeros seis a treinta meses de una relación. Pero nosotros estamos convencidos que el declive erótico no es una consecuencia necesaria de las relaciones matrimoniales largas. La pasión puede cambiar de la novedad inicial a una satisfacción más profunda, pero es una posibilidad permanente.

Agregar una aventura al amor profundo y al compromiso seguro del matrimonio es la mejor forma de desarrollar un dinamismo sexual maduro, divertido, generoso y permanente. La pasión verdadera significa ser erótico con quien conoces íntimamente y a quien amas y deseas tanto como para seguir estando casado.

Por lo tanto, ¡planea esa aventura erótica con tu esposa esta semana!

> Sea bendito tu manantial, y alégrate en la mujer de tu juventud. Como cierva amada y graciosa gacela. Sus caricias te satisfagan en todo tiempo, y en su amor recréate siempre (Proverbios 5.18-19).

CAPÍTULO DIEZ

EL LADO FUNCIONAL DEL SEXO

¡El sexo debe ser divertido! Ese hecho se refleja en el placer que trae, la carga de la pasión, las sensaciones del desarrollo de la excitación y el desahogo del orgasmo. Existe una satisfacción profunda en esos deleites primitivos y en conectarse profundamente con la persona a la que amas lo suficiente como para comprometerte con ella de por vida.

El sexo también es algo serio y requiere esfuerzo.

Espiritualmente, el sexo entre un esposo y una esposa simboliza la relación más importante, aquella entre Cristo y su pueblo. El sexo refleja la profundidad del compromiso que se desarrolla en la relación. Requiere una entrega y una vulnerabilidad total. Los sentimientos profundos se mueven en el proceso de la relación sexual; los derechos sexuales dentro del matrimonio demandan un verdadero respeto; y la responsabilidad sexual es un requisito serio de cada creyente.

Por eso es que el sexo tiene un lado divertido y un lado serio. Y cuando hablamos de buen sexo en el matrimonio, un esfuerzo serio generalmente es un requisito para la diversión. En este capítulo nos referiremos a ese esfuerzo.

DIEZ FORMAS GENIALES DE ESFORZARSE EN LAS RELACIONES SEXUALES

#1: Pensar

Hazte las siguientes preguntas:

¿Qué clase de amante eres, y qué clase quisieras ser?

¿De qué forma tu vida sexual ha progresado con los años?

¿Cuáles son los mensajes que escuchas de tu esposa con respecto al sexo?

¿Qué clase de tensión sexual existe entre ustedes dos?

¿Cuál es la actitud de tu esposa acerca de tu relación sexual?

¿Cuáles son los asuntos sexuales en los que piensas?

Probablemente piensas acerca de tu futuro financiero. Reflexionas en tu carrera. Si tienes hijos, te preguntas qué tan bien los estás criando y lo que ves en el futuro para ellos. ¿Por qué no hacer lo mismo con respecto a tu vida sexual?

#2: Planear

Tu planeamiento reflejará tu pensamiento. También involucrará a tu esposa.

Quizás nunca hayas pensado en tener metas sexuales. Pueden ser útiles si no son metas en cuanto a tu rendimiento, sino que son sueños a largo plazo. Necesitan ser conductas que puedas controlar, no respuestas físicas involuntarias.

Por ejemplo:

- Esforzarse en controlar la eyaculación prematura durante los próximos seis meses.
- Permitir que tu esposa tenga mayores períodos de placer y de intensidad (no hablamos de excitación u orgasmo, las cuales son respuestas involuntarias).
- Tomarse turnos para preparar el ambiente de los ratos sexuales, para crear una atmósfera más interesante.
- Leer un capítulo de un libro como éste de manera mutua cada semana.

- Separar una hora en la cama varias noches a la semana sólo para disfrutar del cuerpo del cónyuge sin que haya una demanda de excitación o desahogo.
- Desarrollar un período de quince minutos para conectarse y besarse dentro de la rutina diaria.

> Los planes necesitan lograr el cumplimiento de los sueños mutuos, no los sueños privados que inducen presiones o demandas.

- Buscar métodos de control anticonceptivo que interrumpan menos que el método que están usando actualmente.

Sean cuales sean sus metas, vayan tras ellas juntos y sin causar presiones o demandas el uno al otro.

#3: Horario

¿Ponerle horario al sexo? ¡Qué aburrido!

Pero piensa un momento. ¿El cortejo era aburrido? ¿No tenías un horario para tus citas? ¿Un horario interfiere con tu habilidad de excitarte o de tener relaciones?

Recordamos cuando estacioné el auto al final de una cita planeada y nos besamos y queríamos hacer mucho más que eso, que prácticamente nos enloqueció. Poner un horario aumenta la anticipación, y la anticipación provoca la pasión.

Pueden esperar con entusiasmo el pasar el tiempo juntos. Piensa cómo serían esos momentos y búscalos. Inténtalo. ¡Te gustará!

La espontaneidad puede ser genial pero no es un ingrediente necesario para tener una vida sexual excitante. Para la mayoría de las parejas, la espontaneidad dentro de un horario funciona mejor.

En esos horarios, tú no estás poniéndole un horario al coito, a la excitación, o al desahogo. Esas cosas no son ingredientes necesarios para tener un tiempo apasionado y fabuloso juntos en el matrimonio.

Algunas parejas evitan los horarios porque creen que deben llegar a sus ratos sexuales interesados y ya excitados. Ese es un mito. Ambos están poniendo un horario para estar juntos que puede que se convierta en una experiencia sexual completa o no. En contraste con tus días de cortejo, ahora tienes la libertad de hacer lo que mutuamente desean hacer en ese momento. Te asombrará ver qué tan rápidamente se interesan ambos si dedican un poco de tiempo juntos y comienzan a comportarse de forma sexual.

> La espontaneidad puede funcionar si es iniciada por la mujer. Una mujer excitada por lo general es excitación para el hombre; un hombre excitado con frecuencia es una demanda para la mujer.

Quizás seas una excepción a nuestra recomendación para fijar horarios. Si pasan tiempo juntos las veces que quieren, su vida sexual está completa, vibrante y mutuamente satisfactoria, y no tienen necesidad de un horario, los felicitamos. Continúen disfrutándose y siéntanse afortunados.

Para los otros 99 de cada 100, sean como una pareja que conocemos, Sue y Bob. Cada domingo por la noche saquen el calendario y planeen la semana. Y asegúrate de practicar el hábito de establecer un nuevo horario cuando se cancela uno que ya estaba establecido.

#4: Comprar

¿Qué tienen que ver las compras con el sexo? ¡Muchísimo!

Ir de compras pensando en tu esposa es una forma de decirle que la aprecias.

El tamaño del regalo o de la compra es insignificante. Ella no necesita un nuevo Mercedes Benz para sentirse que la amas. Ella necesita saber que tú estabas pensando en ella.

Si se rompió el cordón de uno de sus zapatos de tenis, cómprale un par para que no tenga que ir ella a comprarlos. Esa pequeña compra puede ser tan valiosa como un artículo de joyería. A ella le dice: «Estoy pensando en ti y quiero servirte».

Comprar cosas relacionadas a tu vida sexual puede ser divertido también. Compra tu lubricante favorito en la farmacia, velas perfumadas para poner cerca de la cama, sábanas más suaves, o un libro que ofrezca un consejo sexual saludable. Debes saber, sin embargo, que un libro sobre sexo puede considerarlo ella como una demanda. Si ella no ha leído los últimos tres que le trajiste, con seguridad no va a leer el cuarto.

> Hacer compras puede avivar el sexo si no crea presión o intenta comprar sexo o amor.

También debes conocer a tu esposa para saber si la lencería sería una elección apropiada. Algunas mujeres lo verían como una demanda.

Ir de compras juntos también puede ser divertido, siempre y cuando la agenda sea mutuamente satisfactoria.

Dos advertencias:

1. Debes recordar tu aniversario, el día de de los enamorados, su cumpleaños, Navidad, y el día de la madre (si es mamá).

2. No puedes comprar el sexo o el amor. Tu esposa debe experimentar esas compras como una muestra de tu cuidado y consideración.

#5: Conversar

Los hombres no quieren *hablar* de sexo; ellos quieren *tener* sexo. Las mujeres quieren hablar de ello, tenerlo, hablar de ello y tenerlo.

Tu esposa quiere hablar; ella quiere que te intereses en ella. Probablemente tendrás que realizar la parte de «hablar» si quieres que la parte de «tener» sea buena. Cada vez que sigues su camino, ambos se benefician. Tú serás feliz al verla feliz. Ambos ganan.

Hablar durante la experiencia sexual es una elección personal. A algunas parejas les gusta hablar mucho mientras hacen el amor; otras hacen el amor en silencio total y se sienten totalmente felices.

Una mujer prefiere que su esposo hable acerca de cómo él se deleita en ella, no sólo de los genitales de ella. Una mujer nos dijo lo furiosa que estaba porque su esposo no hablaba de ella como persona y se refería a los genitales de ella en términos de jerga. Algunas mujeres disfrutan escuchar esto durante el sexo, pero la mayoría lo encuentra ofensivo. Decidir qué tan explícito puedes ser depende de tu sensibilidad.

Hablar durante las relaciones acerca de lo que les gusta o les disgusta a ambos por lo general es mejor cuando va acompañado de una demostración. Si has conversado con tu esposa acerca de tus preferencias en la experiencia sexual, entonces durante las relaciones puedes referirte a esa conversación en pocas palabras y con algo de tacto.

Hablar sobre el análisis de tu vida sexual, aun cuando es vital, debe suceder fuera de la experiencia sexual. No necesita ser sólo acerca de las dificultades; también puede ser acerca de lo que los excita a ambos.

Si te cuesta hablar de sexo, quizás no sabes qué palabras usar. Probablemente te sientas incómodo porque no sabes cómo se llaman ciertas partes del cuerpo. Quizás nunca oíste hablar de sexo en tu hogar, o sólo lo escuchaste ser mencionado de manera vulgar en los vestidores de la escuela. Intenta leer este libro en voz alta con tu esposa. Probablemente te sentirás más cómodo usando terminología sexual correcta.

Tus ratos de conversación sexual deben tener límites. Ninguno de los dos debe referirse a cómo una pareja del pasado se comportó sexualmente; aunque nunca hayas tenido una relación sexual con esa persona. Las razones para hacer tales comparaciones con frecuencia son hostiles, y la hostilidad nunca es buena para ningún cónyuge.

Otro límite que hay que respetar: No critiques las cosas que no pueden cambiarse. El vello púbico grueso que ella tiene lo tenía cuando te casaste con ella. Hablar de ello sólo creará tensión y distancia.

La necesidad que tienen las parejas de hablar acerca del sexo fue demostrada cuando hicimos una serie de dos semanas llamada *«Simple y sencillamente sexo»*, para una televisora de Los Ángeles. Los productores le preguntaron a la gente que salía de las cortes de divorcio: «¿Cuánto tuvo que ver el sexo con su divorcio?»

Los esposos dijeron que el sexo no tuvo nada que ver con ello; las esposas dijeron que el sexo tuvo mucho que ver con ello. Es una evidencia clara de que tan mal las parejas se comunican en lo que respecta a su vida sexual y de lo esencial que para ti debe ser el hablar.

#6: Aprender

Aprender acerca del sexo es un proceso de toda la vida. Uno puede seguir creciendo en esta área aunque tenga 20, 40 ó 60 años de casado.

Conoce su cuerpo y el tuyo. Díganse mutuamente cómo se sienten acerca de sus cuerpos, lo que les gusta y lo que no. Reafirmen mutuamente las áreas positivas que sienten acerca de sus cuerpos.

Descubran juntos la clase de caricia física que les gusta, incluyendo la caricia genital. Desarrollar familiaridad reducirá la ansiedad y aumentará el placer.

Acepta el hecho de que así como el cuerpo de tu esposa cambia, sus deseos cambiarán también.

Su cuerpo pasará por más cambios que los tuyos debido a sus ciclos mensuales, posiblemente un embarazo, el nacimiento del niño, la menopausia y quizás hasta una histerectomía. Siempre estarás aprendiendo.

#7: Practicar

La práctica sucede naturalmente después del aprendizaje.

Quizás necesitas practicar el control de la eyaculación. Quizás necesitas practicar la conversación, o la caricia general, o limitarte a no acariciar los genitales de tu esposa por los primeros 15 minutos. Quizás necesitas practicar cómo estimularla genitalmente.

Quizás tu esposa reaccione a la estimulación del punto G, localizado en la parte superior interna de la vagina un poquito más allá del músculo vaginal. Quizás necesites mucha práctica para encontrar esa área y aprender a acariciarla de tal forma que le dé placer en lugar de dolor.

Besarla puede que requiera de práctica. Para algunas parejas, un beso apasionado es natural; para muchas otras no lo es.

No pienses que a tu esposa le gusta la forma en que tú la besas. Déjale que te demuestre cómo prefiere ser besada. Probablemente te gustará lo que a ella le gusta, pero quizás no le gusta a ella lo que a ti te gusta.

Hemos descubierto que cuando la mujer se siente libre para enseñarle a su esposo cómo le gusta besar, eso le encanta a él. Sin embargo lo opuesto generalmente no es cierto. Una vez que ya te ha demostrado, practícalo diariamente, aunque sea por 60 segundos. ¡El beso es la clave para hacer que el sexo funcione!

#8: Ser responsable

El sexo funciona mejor en una relación amorosa si cada cónyuge se responsabiliza por sí mismo.

Debes asumir que tu esposa no sabe ni puede sentir lo que se siente mejor en ti en cualquier momento. Aun después de que se han enseñado mutuamente lo que les gusta y han practicado lo básico, sólo tú puedes sentir lo que tu cuerpo desea.

Aprende a escuchar y a comunicar ese deseo al mismo tiempo que reaccionas positivamente a lo que ella te dice acerca de su cuerpo.

Cuando aceptas la responsabilidad de tus deseos sexuales sin demandar o ultrajar a tu cónyuge, también aceptas la responsabilidad de disfrutar del cuerpo de tu esposa, contando con que ella te diga si tu caricia no es placentera. Este ciclo de reacciones les traerá a ambos el mayor deleite de sus cuerpos.

#9: Negociar

Uno puede negociar las diferencias en el sexo de la misma forma que se negocia cualquier otra área de la vida. Un buen sexo es aquel que satisface las necesidades de ambos cónyuges; no puede ser dictado por sólo uno de los cónyuges.

Muchas parejas no aceptan la idea de negociar asuntos relacionados con el sexo. Creen que el sexo debe funcionar así como así. Pero el matrimonio funciona mejor en todas las áreas cuando la pareja aprende a negociar.

El compromiso por lo general es sabio. Si a uno de los dos le gusta más la experiencia sexual en la mañana y al otro le gusta más en la noche, intenten alternar, o tener relaciones al mediodía. Si a uno de ustedes le gusta hacer el amor con las luces encendidas y sin sábanas, mientras que al otro le gusta a oscuras y sintiendo el calor de la sábanas, intenten hacerlo a media luz y no tan cubiertos.

Algunas veces el compromiso parece imposible. Por ejemplo, uno de ustedes desea tener sexo oral mientras que al otro le repugna. Respeten los sentimientos de ambos. No hagan nada a costa del otro o para ultrajar al otro. En el proceso de negociación, lo mejor es ponerse del lado del cónyuge más conservador; de esa forma ninguno se sentirá ultrajado. Acepta el hecho que no siempre podrás tener lo que quieres.

> Negocien sus diferencias de tal forma que ambos se sientan respetados y ninguno se sienta ultrajado.

La siguiente es una lista de diferencias comunes entre los cónyuges. Refleja las preferencias personales pero no es una lista de cosas buenas y malas. Sácale dos fotocopias para que cada uno complete una de ellas.

Conversen acerca de los resultados. Si tienen algún desacuerdo, determinen qué tan importante es eso para ustedes. Agreguen cada uno sus diferencias al final y hablen de ellas también.

Intenten volver a ver esa lista cada año en su aniversario. Utilícenla como una herramienta para ayudarles a aceptar y a negociar sus diferencias.

Diferencias comunes que deben ser negociadas

____ Me gusta iniciar la relación sexual.

____ Tener relaciones sexuales una vez o dos veces a la semana es suficiente para mí.

____ Me gusta que mi cónyuge inicie la relación sexual.

____ Me gusta hacer el amor en la mañana.

____ Me gustan los besos secos.

____ Es más positivo para mí la iniciación directa.

____ Me gusta más la iniciación sutil.

____ Me gusta tener relaciones sexuales varias veces a la semana.

____ Me gustan los besos largos.

____ Me gusta hacer el amor en la noche.

____ Me gustan los besos húmedos.

____ Me gusta que las cosas sean predecibles.

____ No siento necesidad de hablar antes de hacer el amor, mientras hacemos el amor, después de hacer el amor.

____ Me gusta que las cosas sean predecibles.

____ Una conversación sexual explícita me excita.

____ Me gusta tener una conversación sexual sutil e indirecta.

____ Me encanta que me acaricien mucho.

____ No necesito que me acaricien mucho.

____ Me encanta acariciar mucho.

____ No me gusta acariciar mucho.

____ Es más positivo para mí la estimulación directa.

____ Me gusta que mi cónyuge tenga los ojos abiertos mientras hacemos el amor.

____ Me gustan los besos cortos.

____ Me gusta más la estimulación indirecta.

____ Me gustan las luces apagadas.

____ Me gusta hacer el amor con las luces encendidas.

____ Me gusta hablar mucho antes de hacer el amor, mientras hacemos el amor, después de hacer el amor.

____ Me incomoda que mi cónyuge me esté observando.

___ Me gusta el sexo oral cuando es la mujer estimulando al hombre.

___ Me gusta el sexo oral cuando es el hombre estimulando a la mujer.

___ No me gusta el sexo oral cuando es el hombre estimulando a la mujer.

___ Me gusta que nuestras relaciones sexuales sean diferentes todas las veces.

___ Me gusta hacer lo mismo todo el tiempo.

___ Me gusta hacer lo mismo todo el tiempo.

___ Deseo que haya mucha excitación y creatividad.

___ Me gusta que las cosas sean predecibles.

___ No siento una gran conexión entre ambas.

___ Siento una conexión muy fuerte entre mi sexualidad y mi espiritualidad.

#10: Esperar el cambio

El cambio es constante. Espera crecer en tu entendimiento y en tu experiencia sexual y acepta que nunca llegarás a la perfección en ambas.

Los cristianos deben tener una relación con Dios que sea nueva cada mañana. De la misma forma, esfuérzate por tener un amor más profundo, una pasión más intensa, y una intimidad más cercana con tu esposa, sabiendo que siempre estarán aprendiendo, cambiando y descubriendo esa novedad juntos.

El cambio contrarresta la rutina. Ya que la rutina reprime la pasión, el cambio es vital para hacer que la pasión se mantenga en el matrimonio.

Y ésa es una meta por la cual vale la pena esforzarse.

CAPÍTULO ONCE

EL LADO DIVERTIDO DEL SEXO

Muy bien, hemos hablado bastante de la parte seria del sexo. No todo es trabajo; también hay mucho de diversión.

> Goza de la vida con la mujer que amas, todos los días de la vida de tu vanidad que te son dados debajo de sol; porque esta es tu parte en la vida. (Eclesiastés 9.9)

Veamos algunas de las buenas maneras en que podemos disfrutar de esta recompensa por parte del Creador.

DIEZ FORMAS DE DISFRUTAR LAS RELACIONES SEXUALES

#1: Reír

Dios tuvo un gran sentido del humor cuando diseñó el sexo. Piensa en lo que haces durante la experiencia sexual. Es bastante gracioso ¿no es cierto?

Cuando el sexo se torne demasiado en serio, trae el lado humorístico del diseño de Dios a la cama. Reír un poco puede aliviar los contratiempos conyugales. Un codazo en las costillas, o la salida inesperada del pene fuera de la vagina en el momento equivocado puede ser algo divertido si se ríen juntos en lugar de enojarse.

La risa cura. Alivia la tensión y hace que los dos se unan.

Las situaciones graciosas no pueden ser planificadas, pero tú las puedes permitir y puedes buscar la oportunidad para que sucedan.

Nos hemos reído tanto que varias veces uno de los dos se ha caído de la cama. Una vez, al principio de nuestro matrimonio, de tanto reírnos, nos movimos y provocamos que un jarrón que estaba encima de la cabecera le cayera en la cabeza a Joyce y le dejara un chichón.

Nos preguntamos cómo hubiéramos explicado ese contratiempo si la hubiéramos tenido que llevar de emergencia al hospital.

Una palabra de precaución: Nunca te rías a expensas de tu esposa. La risa es graciosa sólo si ambos la disfrutan.

#2: Experimentar

Experimentar es probar cómo funciona algo o descubrir algo nuevo. Uno no puede fracasar cuando se experimenta, ya que no se tiene un resultado predeterminado.

Cuando conversamos con parejas en la terapia sexual, a veces nos dicen con desánimo que un ejercicio «no funcionó». Nuestra respuesta es que si ellos lo intentaron, entonces sí funcionó. Porque cada tarea es un experimento para aprender lo que le gusta a cada cónyuge, no hay manera de fracasar en ello. No existe una respuesta prescrita.

> Uno no puede fracasar cuando se experimenta, ya que no se tiene un resultado predeterminado.

Si deseas intentar nuevas formas de interacción sexual, quizás necesites un empujón. Si a tu esposa le gusta experimentar más que a ti, deja que ella sea quien dirija. Si a ambos les cuesta experimentar, les sugerimos las siguientes ideas:

- Inicien la relación sexual por turnos.
- Busquen un nuevo lugar.

- Tomen turnos en ser la persona activa.
- Comiencen de manera diferente a como generalmente lo hacen.
- Acaríciense mutuamente en todo lugar con excepción del pecho o los genitales.
- Utilicen cualquier parte del cuerpo excepto las manos para dar placer al cónyuge.
- Escojan tres objetos de diferentes texturas (seda, casimir, etc.) para darse placer mutuamente, empezando por la espalda; la persona que está recibiendo placer debe adivinar qué es lo que se está usando y después seleccionar uno de los objetos para recibir una caricia corporal completa.
- Hagan los sonidos y la respiración que se dan en la respuesta sexual.
- Escríbanse cartas de amor describiendo una experiencia sexual de su elección.
- Sin que haya penetración, intenten poner sus cuerpos en todas las posiciones que se puedan imaginar: tu esposa encima, tú encima, sentados, de pie, en la cama, en una silla, de lado, cruzando las piernas, con las piernas alrededor de la otra persona, en el borde de la cama, arrodillados al lado de la cama, por detrás, etc. Esto puede parecer más divertido que estimulante pero así encontrarán algo que les guste.

#3: Sorpresa

Las sorpresas hacen que algunas personas se emocionen y que otras no puedan moverse. Si a tu esposa le gustan las sorpresas, son una buena forma de hacerle saber que piensas en ella.

Si tu esposa prefiere que las cosas sean predecibles, planeen las sorpresas juntos. Hagan un bosquejo de cómo sería la fiesta sorpresa que le gustaría a ella. Dale regalos que ella quiera tener. Decidan juntos tener una noche especial o un rato sexual.

Si tu esposa percibe las sorpresas como un lenguaje de amor y tú eres bueno para ellas, adelante. Puedes empacar una pluma dentro del

> **Cuando las sorpresas inmovilizan, planéenlas juntos.**

equipaje para poder utilizarla durante el acto sexual cuando lleguen al hotel. Dale una sorpresa enseñándole un regalo que tenías debajo de la colcha.

Llega temprano del trabajo con comida preparada cuando sepas que ella está tensa y te extraña. Cuando ella llegue tarde del trabajo, prepárale un baño de burbujas, haz que los niños se duerman y ofrécele darle un masaje con una loción, sin esperar que ella quiera tener relaciones sexuales.

La mayoría de las mujeres prefieren las sorpresas tiernas, amorosas y consideradas, no la clase de sorpresas que requieren mucha adrenalina. Todas las sorpresas se deben dar sin esperar una respuesta.

Las sorpresas involucran un riesgo. No todas funcionarán, pero si estás dispuesto a arriesgarte, descubrirás cuáles sí funcionan.

#4: Impresión

Una impresión es una *gran* sorpresa.

Cuando estábamos grabando nuestra serie de videos *La Magia y el misterio del sexo* en Cleveland, le preguntamos a una pareja, John y Becky, qué hacía que su vida sexual fuera tan dinámica. Becky nos contestó: «Recibir una impresión de vez en cuando».

Cliff le preguntó: «Ah, ¿Quieres decir cuando lo recibes en la puerta con ropa transparente?»

Becky se rió. «No», dijo ella. ¡Más bien cuándo John *la* recibe en la puerta con ropa transparente! Lo que pasa es que él trabajaba en casa y ella tenía un trabajo fuera de la casa.

Una pequeña impresión, una ligera sacudida es una fuente de energía que hace que se conecten mutuamente e impulsa la pasión.

#5: Darle un gusto a tu esposa

Darle un gusto a tu esposa es un recurso interminable de diversión sexual. A una mujer que sabe recibir le encanta que le den el gusto.

Te sugerimos las siguientes:

- Rociar pétalos de rosa en las sábanas para cuando ella vaya a la cama.
- Hacer un nido de amor enfrente de la chimenea.
- Una hora de total atención.
- Una tarde para que ella se siente a leer mientras tú atiendes a los niños.
- Un masaje.
- Un período de tiempo enfocado completamente en lo que ella quiera.

Darle el gusto a ella enciende la pasión sexual de una manera diferente a la que se promueve en las revistas pornográficas para hombres. Te recomendamos que le des el gusto en las siguientes categorías: compras, accesorios, preparación, atención y actividades.

Cuando hablamos de compras, no nos referimos a aquellas que acaben con la herencia de la familia; pequeños regalos pueden demostrarle tu consideración. Quizás puede ser alguna comida que los dos disfrutan compartir, una tarjeta, una canción que trae un recuerdo positivo, ropa que ella ha estado deseando o que la haga verse más atractiva para ti, o ropa para ti que haga que ella se sienta más atraída a ti.

Los accesorios son cosas que le envían un mensaje de amor. Piensa en alquilar el cuarto de un hotel y tener un pequeño chocolate en la almohada para cuando lleguen de la cena. Algo que te haga sentir especial. Los accesorios pueden incluir cosas como velas encendidas cuando ella salga del baño o una flor en la cama.

La preparación demuestra tu amor al preparar el ambiente para que estén juntos. Por ejemplo, encender la chimenea, calentar o enfriar el cuarto, ajustar la luz, poner música, bañarse, rasurarse, ponerse colonia, limpiar el desorden del cuarto y organizar una noche en la cual los dos tengan tiempo de conectarse.

La atención puede ser lo que haga que tu esposa se sienta más atraída a ti. Apaga la televisión y la computadora. Tu atención bajo los términos de ella puede ser el gusto del siglo. ¡Inténtalo!

Las actividades que una mujer considera que son un placer pueden dejar fría a otra; ten presente los gustos de tu esposa. Quizás a ella le gustaría que tomaras un baño de espumas o ducha con ella; es posible que ella prefiera cenar en un restaurante antes de tener relaciones sexuales; tal vez le encanta bailar juntos. Quizás a ella le gustaría pasar la tarde platicando y acariciándose mutuamente en el sofá. Asegúrate de que las actividades les gusten a ambos.

#6: Placer

Nuestro buen amigo Roland nos pregunta: «¿Por qué ustedes siempre hablan del *placer*?»

Es verdad, el placer es la parte principal de nuestro mensaje acerca del sexo en el matrimonio. No referimos a la caricia piel con piel que no exige ninguna excitación u orgasmo, ninguna respuesta o acción. Solamente se trata de tocarse y de ser tocado.

Sin ninguna exigencia. Las respuestas de tu esposa y las tuyas pueden ser placenteras, cálidas, cómodas, deleitables, excitantes, o neutrales. Darse placer puede ser un fin en sí mismo, o puede llevar a una experiencia sexual erótica.

El tiempo que ocupes en dar placer y la cantidad de participación física puede variar. Hasta cinco minutos pueden causar una conexión positiva. Un tiempo mayor puede enfocarse en todo el cuerpo.

Dar placer se puede hacer de muchas formas. Por ejemplo acariciar los pies. O usar cualquier parte de tu cuerpo, que no sean tus manos, para acariciar. Tu cabello, tu nariz, tus antebrazos, y hasta puedes utilizar tus dedos de los pies.

Quizás les guste peinarse o cepillarse el cabello mutuamente. A Cliff eso no le interesa, pero él sabe que Joyce siempre se siente relajada cuando él la peina.

Abrazarse es una forma de dar y de recibir placer. Acostarse en los brazos del cónyuge, sentir mutuamente el cuerpo del otro, puede desarrollar la intimidad que lleve a una pasión más intensa o quizás sólo a un tiempo de relajación. Abrazarse se puede hacer estando vestidos, con ropa de dormir o desnudos.

#7: Bromas

Las bromas pueden ser divertidas, pero también pueden dañar. Cada cónyuge tiene su perspectiva personal acerca de bromear o ser parte de la broma. Ambos deben ser sensibles y responsabilizarse de decirle al otro cuáles son sus límites con respecto a las bromas.

En el capítulo 3 recomendamos la caricia juguetona como una forma de hacer que tu esposa quiera más y eso haga que ella quiera dirigir la experiencia sexual.

Hacer cosquillas es otra forma de jugar que algunas parejas disfrutan.

Las bromas verbales incluyen vacilar y hacer bromas de uno mismo o del cónyuge. Pero ten cuidado, las bromas verbales pueden pasarse de la raya y volverse algo irritante.

Las bromas que son expresiones pasivas del enojo no deben ocurrir en la relación sexual. Diviértanse con las bromas y aléjense de las burlas.

#8 Resistir

Jugar a resistirse puede ser algo muy divertido.

Cuando sientas que te has acercado a ella con mucha impaciencia, decide cambiar eso y hazte de rogar. Ambos saben que ella te tiene si lo desea, pero tu resistencia juguetona será una atracción positiva.

Trata de fingir que estás dormido, di que tienes un dolor de cabeza, o que realmente no estás interesado esta noche. Lo que estás haciendo es que ella, por supuesto, te busque. Si tiendes a estar demasiado ansioso, este juego de resistencia puede ser una buena forma de romper el hábito.

#9: Crear

Los métodos creativos para tener relaciones sexuales tienen la capacidad de provocar interés, aumentar la excitación, desarrollar la intensidad y comunicar un mensaje de amor.

Por ejemplo, puede que quieras crear tu propio ambiente especial para los ratos sexuales. Una pareja hizo que su casa rodante, que se había preparado para guardar verduras enlatadas durante el verano, se convirtiera en un campamento lejos de los niños. Otra pareja hizo un nido de amor en el cuarto de costura. Otro hombre invitó a su esposa a su oficina, donde tenía preparada una cena romántica. Quizás tengas una furgoneta o un vehículo para campamentos, un cuarto de huéspedes, un cobertor grueso en el piso u otro lugar privado que puedan usar para jugar.

La creatividad no necesita mucho dinero o tiempo. El primer verano después de que nos casamos, trabajamos como pastores interinos en una iglesia en la parte central de Canadá. Nuestra casa tenía una pequeña cama, una mesa y dos sillas. El agua la traíamos de afuera y el aire libre era nuestro «aire acondicionado».

No obstante, siempre encontrábamos maneras de hacer que nuestra situación austera fuera divertida. ¡Descubrimos que un colchón de resortes podía darnos placer usándolo correctamente! Aun sin dinero y sin la promesa de que tuviéramos mucho en el futuro, tuvimos momentos muy excitantes juntos.

#10: Jugar

Jugar al sexo es la mejor diversión que existe.

Juega a la casita. Juega al doctor. Juega a «Yo te enseño lo mío si tú me enseñas lo tuyo».

Juega a las charadas. Expresa físicamente Cantar de los Cantares. Elige tus propias formas de jugar.

Aparentar ser alguien puede ser una buena forma de jugar, siempre y cuando no se estén engañando mutuamente. Es muy probable que se pasen la mayor parte del tiempo riendo cuando estén fingiendo ser alguien diferente.

En resumidas cuentas, el sexo puede ser un rato divertido para ambos. Lo que desees jugar, sea planeado o improvisado, hazlo de tal forma que aprendas a disfrutar de la esposa que Dios te ha dado a través de tener mucha diversión.

CAPÍTULO DOCE

EL SEXO Y TUS SENTIDOS

Tú conoces los cinco sentidos: la vista, el olfato, el tacto, el gusto, y el oído. Nosotros agregamos un sexto sentido: el sentido empático.

Todos estos sentidos afectan la experiencia sexual a ti y a tu esposa. Son puertas a la sexualidad. Puedes usar una puerta o muchas para entrar a la experiencia y conectarte totalmente con tu esposa.

¿Estás utilizando todos los sentidos para buscar una vida sexual más intensa, íntima y apasionada? Este capítulo te puede ayudar a lograr eso.

UTILIZA TODOS TUS SENTIDOS

1. La vista

Los hombres reaccionan visualmente. Tú sabes qué cosas ves que te provocan sexualmente; tú sabes cuáles necesitas evitar.

Tú puedes utilizar tu reacción visual con tu esposa de tal forma que se desarrolle o se inhiba una relación sexual. Por ejemplo, tú te excitas viendo a tu esposa desvistiéndose o poniéndose ropa seductora. Si tu reacción cuando eso sucede es ir directamente a la acción, probablemente ella aprenderá a vestirse de manera más cautelosa y a no cambiarse delante de ti. Su precaución disminuirá su sexualidad y tu placer.

Por otro lado, si utilizas tu reacción para honrarla elogiándola y disfrutándola sin ninguna acción, quizás ella te invite a su mundo sexual y descubra un mayor deleite de su sexualidad.

Las mujeres por lo general no tienden a responder a lo visual de la misma forma que los hombres. Claro, es importante que te veas atractivo y te cuides, pero eso es sólo una puerta hacia el respeto de ella que tal vez la lleve a tener un interés sexual más tarde. Lo visual es necesario para la relación, pero no necesariamente es una excitación directa.

Si entras al cuarto y ves a tu esposa en la cama en una pose provocativa y vistiendo algo sexualmente seductor, probablemente querrás agarrar su cuerpo. Pero si tú estás acostado en la cama con una erección y esperándola, probablemente ella se sentirá sin ganas porque ahora se siente obligada. Sin embargo muchos hombres piensan que un hombre excitado atrae a la mujer. Cuando la mujer se siente interesada o está excitada, ella disfrutará la sexualidad del hombre; pero para la mayoría de las mujeres, la excitación de un hombre no es el punto de inicio.

Los hombres y las mujeres con frecuencia ven la erección como una demanda de eyaculación. Cuando eso sucede, se convierte en un estímulo visual negativo para la mujer. Pero el hecho es que tú comenzaste a tener erecciones pocos minutos después de que naciste y tienes una cada 80 ó 90 minutos mientras duermes. Son parte de la vida. Si ambos reconocen que tu erección es algo involuntario, una respuesta pasiva que no requiere de eyaculación o de coito, tu esposa probablemente mirará tu erección como algo normal.

Ambos pueden aprender a usar la puerta visual para ampliar sus experiencias sexuales. Mantener los ojos abiertos antes y durante las relaciones sexuales puede desarrollar una mayor intimidad e intensidad. Si ambos están acostumbrados a cerrar los ojos, intenten mantenerlos abiertos cada vez un poquito más. La vista puede ser otro ingrediente más en tus ratos sexuales.

2. El olfato

La química entre los amantes puede basarse principalmente en el olor. Quizás hayas escuchado hablar de las investigaciones sobre las feromonas, las fragancias sexuales que los animales expelen en el proceso de apareamiento. La sospecha actual es que los seres humanos emiten olores que atraen a miembros selectos del sexo opuesto. Tú y tu esposa podrían emanar olores que los inviten o los repelen mutuamente.

Los olores de la loción para el cuerpo, el perfume, y la colonia para después de afeitarse pueden maximizar la atracción sexual, al menos en nuestra cultura. Ya que los perfumes reaccionan de manera diferente en la piel de diferentes personas, quizás disfruten el visitar juntos una tienda de departamentos y descubrir qué tipo de perfume les gusta más que use el cónyuge.

Los olores naturales del cuerpo en la excitación, la transpiración y las secreciones sexuales también tienen la capacidad de atraer. Su capacidad de excitación varía de una cultura a otra y de una época a la otra. En el pasado, el olor a no bañarse se consideraba como una invitación sexual para el hombre; Napoleón le escribió a su esposa, pidiéndole que no se bañara porque él iba a llegar a casa. Es muy probable que tú escribieras exactamente lo contrario.

Los olores son un asunto personal y sensible. El aliento, el cuerpo, el cabello, los genitales, y los pies pueden alejar a un cónyuge. Para honrar a tu esposa, cuida de tu cuerpo y respeta sus necesidades de limpieza y olores placenteros.

Si el olor de ella te ofende, díselo con gentileza. Quizás lo más sabio sea una conversación fuera de la cama.

No esperes que tu esposa te responda sexualmente si no has cuidado tu cuerpo. Hablando en términos generales, ella es la mejor juez para saber si lo has hecho. Su amor por ti no es suficiente para cubrir malos olores.

3. El tacto

La caricia es el sentido más importante durante el sexo. Cada centímetro cuadrado de tu cuerpo tiene miles de receptores que transmiten la sensación al cerebro.

Una mujer se puede sentir amada si recibe una caricia leve, una caricia ligera, cosquillas, o una caricia firme y cálida. Un hombre siente placer cuando toca ciertas curvas del cuerpo de la mujer. Su cintura, sus pantorrillas, sus pies, la sedosidad de su piel, el contorno de su busto, todo eso provee sensaciones de placer.

La apreciación de un hombre por el cuerpo de su esposa puede ser una experiencia bella o una experiencia tensa. El conflicto surge cuando el hombre asume el derecho de tener el cuerpo de la mujer y cuando no la deja que ella decida cómo quiere ser acariciada.

La próxima vez que tú y tu esposa estén juntos, pídele que ella te guíe en las caricias. Si ella no quiere hacer eso, acaríciala más suavemente. No aumentes la intensidad hasta que ella te lo pida.

Mantén tus caricias de manera general hasta que ella te diga en qué lugar específico quiere ser acariciada. Te podemos garantizar que en una semana o dos, tu esposa notará y estimulará tu nueva forma de acariciarla.

4. El gusto

Los sabores del sexo son mayormente sutiles.

Alimentarse mutuamente o comer juntos puede agregar un poco de sensualidad a tu experiencia sexual. La mayoría de los sabores en el sexo, sin embargo, se experimentarán por medio de los labios y la lengua cuando toca el cuerpo o la boca del cónyuge.

El milagro maravilloso de los besos será tu avenida más utilizada para percibir el sabor sensual. Los besos son la parte más íntima y personal de la experiencia sexual, quizás aun más personal que juntar los genitales. Tú te entregas a tu esposa cuando la besas apasionadamente.

Besarse y saborearse mutuamente puede ser otra forma de abrirse el uno al otro. Estos sabores son únicos; representan tu relación particular y en parte es lo que los atrae a ambos.

Partes del Cantar de los Cantares pueden verse como una descripción simbólica y hermosa de cómo el marido y la esposa se saborean mutuamente: «Venga mi amado a su huerto, y coma de su dulce fruta» (4.16). El rey Salomón dice: «Yo vine a mi huerto... he comido mi panal y mi miel» (5.1).

Los amantes del Cantar de los Cantares pueden referirse a los genitales como un jardín de especies. Utilizando la boca para disfrutar de los genitales del cónyuge ha sido un tema de controversia por generaciones; debes ser sensible a los sentimientos de tu esposa con respecto a esta práctica.

Cada uno de ustedes debe ser muy consciente del gusto del otro. Manténganse limpios mutuamente y respeten sus límites.

5. El oído

Tus oídos pueden realzar tu encuentro sexual. Durante el sexo, escuchas palabras de amor, ruidos de reacción, o tal vez música de fondo u otros sonidos que hayan escogido.

¿Son las palabras que dices mientras haces el amor expresiones de elogio, deleite y apreciación? Esperamos que así sea. Palabras de corrección o de crítica, por otro lado, distraen y dañan. Lo que digas durante la intimidad sexual debe ser escogido muy cuidadosamente.

Los gemidos de sus cuerpos y de sus voces comunican la excitación del momento y el nivel de intensidad que están experimentando. Estas expresiones involuntarias pueden hacer que haya más excitación.

Si tú eres un amante silencioso, escucha esto. Los gemidos, los gritos, una respiración profunda y otra clase de ruidos pueden ser música para los oídos de tu amante y traer más placer. Si nunca has aprendido a desahogar tu intensidad sexual, practica la respiración y los sonidos de una experiencia sexual.

Un sonido de fondo puede ser otra adición sensual. Quizás te guste la música de un disco compacto que contenga el sonido de las olas de un océano o de lluvia. Disfruten escuchar una variedad de posibilidades hasta encontrar aquellos que les guste durante los ratos sexuales. La música de fondo también puede ser una barrera para el ruido que ustedes hacen.

6. El sentido empático

La empatía es la habilidad de conectar los sentimientos, los pensamientos y los deseos de la otra persona con los tuyos, en este caso, de la persona a quien has prometido amarla para toda la vida. Según un diccionario: «la empatía es más duradera y valiosa que el amor romántico».[1]

¿Por qué añadimos la empatía como el sexto sentido? Porque es muy importante para una unión sexual verdadera.

Mientras pones atención a tus otros sentidos, necesitas respetar y reaccionar a las señales de tu esposa y a lo que sientes que está sucediendo en su cuerpo.

Escúchala y deja que ella busque su propio placer. Únete a sus pensamientos y a sus sentimientos mientras ella se responsabiliza de conocerse a sí misma y de compartirse contigo.

La empatía no significa adivinar lo que tu esposa quiere o tratar de ser la autoridad de sus deseos. Significa poner atención a las señales que ella comparte contigo.

Tu sentido empático hace que tu esposa y tú se unan en un lazo místico y poderoso al «hacerse una sola carne». La unión sexual, incluyendo la empatía, significa hacerse uno en espíritu, alma y cuerpo.

Esa fusión hace que el sexo del matrimonio sea una experiencia abrumadora, espiritual, intensa y poderosamente erótica. Cuando esta unión ocurre, trasciende las vidas terrenales.

UTILIZA TU MENTE TAMBIÉN

Mientras utilizas tus sentidos, también utiliza tu cerebro.

El cerebro controla la función sexual por medio de químicos que segrega, el sistema nervioso que regula, y los músculos que controla. También contiene todas las imágenes mentales.

La habilidad de crear imágenes en tu mente se llama imaginación. Es parte de haber sido creado a la imagen de Dios. Puedes sentir, pensar y proyectar.

Las imágenes, incluyendo las sexuales, pueden navegar por tu mente aun sin que lo hayas elegido. Estas imágenes serán influenciadas por lo que tú introduzcas en tu mente, lo que veas en la televisión o en las películas, lo que leas en los libros, o escuches en las canciones, o lo que experimentes. Hasta puedes encontrarte pensando en imágenes que parecen no tener ninguna conexión con algo reciente o el pasado distante.

Eres responsable de lo que pongas en tu mente, y de lo que hagas con estas imágenes que involuntariamente entran allí. Puedes escoger nutrir y desarrollar imágenes positivas y rechazar las negativas.

Tal como lo escribió el apóstol Pablo:

> Por lo demás hermanos, todo lo que es verdadero, todo lo honesto, todo lo justo, todo lo puro, todo lo amable, todo lo que es de buen nombre; si hay virtud alguna, si algo digno de alabanza, en esto pensad (Filipenses 4.8).

Tu responsabilidad es introducir imágenes en tu mente que honren tu matrimonio y tu relación con Dios.

La capacidad de tener fantasías es algo dado por Dios; la responsabilidad del contenido de esas fantasías es algo personal.

Dios te diseñó para reaccionar sexualmente. Esa respuesta no es algo selectivo. Pero Dios te llama a que seas selectivo con lo que buscas en tu mente y en tus acciones.

La intimidad y la satisfacción sexual fueron diseñadas para el matrimonio. Cualquier cosa que distorsione esa unión hará que la fantasía se convierta en lujuria y luego en adulterio (ver Mateo 5.28). Por esta razón, coloca el rostro de tu esposa en lugar de cualquier imagen inapropiada que entre en tu mente. ¡Que tu mente siempre esté dirigida hacia el hogar!

> **CONCEPTO CLAVE:**
> La capacidad de tener fantasías es algo dado por Dios; la responsabilidad del contenido de esas fantasías es algo personal.

La fantasía puede desarrollar una relación conyugal cuando ambos la utilizan para crear sueños de placer y disfrute mutuo. Por ejemplo, no tienes que tener una casa en la playa para poder tener un rato romántico allí. Uno puede generar ese ambiente en la mente.

Joseph Dillo, en su libro *Solomon on Sex*, dice: «Creo que ya es tiempo de que los cristianos utilicemos la imaginación dentro de nuestro hogar».[2] Utiliza tu mente y tus sentidos para ser creativo, expresivo, poético, sensual, seductor y para tener intimidad con tu esposa.

— CAPÍTULO TRECE —

LA PORNOGRAFÍA
Y LA INTERNET

¿Realmente quieres una vida sexual fabulosa?
¿Quieres cumplir con tu llamado bíblico de honrar a tu esposa?
¿Quieres criar a tus hijos de una manera piadosa?
Entonces, ¡mantente alejado de la pornografía!

¿QUÉ HAY DE MALO CON UN INSIGNIFICANTE SITIO WEB?

El instrumento más importante para traer la pornografía al hogar actualmente es la Internet. Esta poderosa fuerza adictiva está invadiendo los matrimonios y las familias como la tuya, con un impacto destructivo más allá de lo que la gente se imagina.

El auge de la pornografía en la Internet

Hace 25 años, conseguir algo pornográfico era difícil. Un hombre tenía que ir a una parte sórdida de la ciudad, estacionar su auto lejos de allí, esconder su rostro bajo el sombrero, mirar de manera disimulada y meterse rápidamente en ese salón de masajes, o en la tienda de libros para adultos.

La necesidad de andarse a escondidas comenzó a cambiar cuando se pudieron alquilar los videos pornográficos. Sin embargo, el proceso de tenerlos todavía llevaba consigo el peligro de ser avergonzado o descubierto.

El riesgo se redujo más con la televisión por cable, que trajo la pornografía hasta el hogar. Pero todavía habían límites. Se necesitaba de una suscripción que podía ser descubierta por otras personas. Una visita que estuviera buscando canales podría notarlo. Y la televisión por lo general estaba a la vista, lo cual hacía que fuera difícil guardar el secreto.

Pero luego vino la Internet, trayendo mayores posibilidades de variedad y privacidad.

La última vez que investigamos, habían 137.000.000 (así es, millones) de sitios web bajo el título de sexo. Claro, algunos de ellos son sitios buenos que ofrecen información psicológica y médica, incluyendo nuestro propio sitio: *www.passionatecommitment.com*. No obstante, la mayoría son pornográficos.

Si comenzaras a visitar cien de estos sitios al día, necesitarías miles de años para visitarlos todos, sin mencionar aquellos que se van agregando día tras día. Mientras escribimos este libro, se van agregando más sitios, a un ritmo de un millón al mes.

Para cuando leas esto, ¿quién sabe cuántos sitios más habrán?

Lo que sí es cierto es que siempre habrá una interminable cantidad de material sexual; la mayoría es pura basura y adictiva.

La facilidad del acceso a la pornografía por la Internet es asombrosa. Está disponible en tu hogar o en la oficina; la puedes ver en completa privacidad. Los sitios no se fijan en la edad del usuario, están disponibles las veinticuatro horas del día, y miles de ellos son gratis. Puedes visitarlos por cinco minutos, cinco horas o cinco días a la vez. Siempre hay nuevo material, presentando toda posible variación y desviación sexual imaginable.

Y no hace daño ¿cierto?

¡Claro que sí hace daño y mucho!

Los efectos en tu matrimonio

Algunos hombres piensan que ver pornografía de manera ocasional no hace daño. Pero puede dañar tu relación con tu esposa al igual que tu relación con Dios.

Hasta una mirada casual a la pornografía puede cambiar la forma en que un hombre piensa y siente acerca de las mujeres, y cómo las trata. A esto se le llama «el síndrome de la página central». Mirar las imágenes idealizadas de mujeres voluptuosas que se ofrecen a sí mismas en las formas más provocativas cambia la manera en que tu ves a tu esposa.

Ella se verá menos atractiva, e incapaz de competir con esas fotos.

No es correcto forzar a tu esposa a competir con mujeres de fantasía. Podría hacerla sentir inadecuada.

La pornografía también degrada a la mujer, convirtiéndola en objeto diseñado para satisfacer las fantasías de los hombres. Evita cualquier posibilidad de intimidad. ¿Cómo se puede ser íntimo con una serie de pixeles en la pantalla de una computadora?

> Hasta una mirada casual a la pornografía puede cambiar la forma en que un hombre piensa y siente acerca de las mujeres, y cómo las trata.

Los hombres y las mujeres fueron creados para compartir sus partes más profundas, no para ser mecanismos de la gratificación sexual de otros. Cuando uno entra al mundo de la pornografía, uno está desechando la intimidad. Tu relación con tu esposa, con todas las mujeres, se desvía.

Los efectos en tus hijos

¿Qué sucede si tus hijos descubren que su padre está viendo sitios pornográficos?

El niño que admira a su padre probablemente creerá que la pornografía está bien. Una hija puede sentirse confundida en el mejor de los casos; durante la adolescencia, cuando una niña comienza a descubrir que ella es un ser sexual, ella necesita ver a su padre tratando bien a su madre. Descubrir que él mira imágenes perversas de la sexualidad femenina puede volverla cínica con los hombres, o hacer que ella se sienta sucia o incierta de su propia sexualidad.

Algunos hombres piensan que pueden mantener sus visitas a esos sitios pornográficos de manera secreta con su familia. Pero la mayoría de los exploradores de la Internet incluyen una función de «historial» que muestra los sitios que visitaste recientemente. Muchas esposas y probablemente la mayoría de los adolescentes conocen esta herramienta y pueden ver dónde has estado. Cierto, tu puedes borrar ese historial. Pero eso mismo podría hacer que sospechen de ti.

¿Tienes un problema?

La mayoría de las adicciones sexuales comienzan a temprana edad, por lo general entre los ocho y los quince años. Eso no sucede así con la Internet. Nos hemos dado cuenta que muchas personas que nunca habían luchado con una adicción sexual se meten en la pornografía de la Internet a edades más avanzadas: son treintones, cuarentones y hasta cincuentones. Hombres, y algunas mujeres, de cualquier nivel educacional o socioeconómico son posibles adictos.

Si estás luchando con algunas de las siguientes cosas, significa que tienes un problema:
- ¿Visitas sitios sexuales en la Internet?
- ¿Entras a chatear en zonas sexuales?
- ¿Guardas estas visitas de manera secreta para que no sepan tu familia, tus amigos y tus compañeros de trabajo?
- ¿Te masturbas como una reacción al contenido de la Internet?
- ¿Te das cuenta que lo que ves afecta tu relación conyugal, tu vida sexual, tu trabajo, los patrones de sueño, tu autoestima, o tu relación con Dios?
- ¿Vives tu vida en función de los sitios pornográficos?
- ¿Mientes cada vez más para cubrir tus actividades en la Internet?

- ¿Necesitas cada vez más ese tipo de material para excitarte?
- ¿Descargas material de sitios sexuales?
- ¿Colocas esos sitios en tu lista de favoritos?
- ¿Haces pagos en secreto y escondes esos cargos?
- ¿Borras tu «historial» de manera regular?
- ¿Se te pasa el tiempo mientras buscas la imagen «perfecta»?
- ¿Te arriesgas al reunirte con alguien con quien hayas chateado?

Es muy probable que sepas en el fondo que la Internet es un problema para ti. Esa dificultad no va a desaparecer por sí sola. No se evaporará con tu fuerza de voluntad, o por sentirte mal después de hacerlo, o confesándolo, o prometiéndole a Dios que nunca lo vas a volver a hacer, o rogándole incesantemente por unos cuantos días o una semana. ¡Necesitas ayuda!

¿Qué es una adicción sexual?

Una adicción a la pornografía por medio de la Internet es una clase de adicción sexual. En otras palabras, si no puedes controlar tu comportamiento sexual, estás luchando con una adicción sexual.

El adicto sexual se siente controlado por el deseo de la misma forma que una persona que come en exceso se siente controlada por un desorden alimenticio, o el alcohólico que se siente controlado por el deseo de tomar. Si está casado, su preocupación interfiere con su matrimonio; él no está satisfecho con una relación sexual íntima con su esposa.

> Un adicto sexual no está satisfecho con una relación sexual íntima con su esposa.

Cuando el deseo sexual lo presiona, el adicto se siente intranquilo, se siente capturado por este deseo. Después se siente culpable y avergonzado. Esta motivación secreta va en escala hasta que se convierte en el enfoque más importante de su vida. Es la forma en que se esconde de las realidades que no quiere enfrentar.

La adicción sexual provee un flujo de adrenalina que mantiene constante esa conducta. Es muy similar a lo que sucede con la cocaína o la marihuana. El adicto sexual siente que no puede tomar decisiones respecto a sus actividades; pero se siente impulsado a realizarlas aun cuando después se deteste a sí mismo.

No todas las conductas sexuales incorrectas son una adicción. Por ejemplo, algunos hombres de manera ocasional ven material pornográfico o van a un bar con bailarinas que se desnudan, pero no se sienten adictos a esas actividades. Con esto no estamos implicando que esas cosas son aconsejables o moralmente aceptables; no lo son. Pero las adicciones sexuales tienen cualidades obsesivas y compulsivas que hacen que la persona las realice casi aún en contra de su voluntad.

La adicción sexual puede ser un síntoma subyacente de una necesidad relacional, o una necesidad emocional no satisfecha. La persona puede tener una personalidad adictiva que tiende a hacerlo escapar de su «propio yo» y hacer cosas que son diferentes a sus convicciones y su personalidad común.

El doctor Patrick Carnes ha sido pionero en el estudio y el tratamiento de la adicción sexual. Él por primera vez trajo a la luz el tema con su libro de gran éxito de ventas *Out of the Shadows: Understanding Sexual Addiction* (Hazelden Information Education, 2001) También ha escrito el libro *Sexual Anorexia: Overcoming Sexual Self-Hatred* (Hazelden Information Education, 1997) y *In the Shadow of the Net: Breaking Free of Compulsive Online Sexual Behavior* (Hazelden Information Education, 2001).

Hemos llegado a aceptar las formulaciones que hace Carnes, ya que encajan muy bien con nuestra experiencia clínica. También hemos llegado a aceptar el método de su tratamiento porque es el único que hemos descubierto que funciona. Estamos en deuda con Carnes por prácticamente todos los conceptos que se presentan aquí.

El patrón adictivo

A medida que el adicto sexual se retrae de las relaciones normales con la esposa, la familia, los compañeros de trabajo y los amigos, más se mete en su propio mundo. En ese mundo él lleva una vida secreta. La soledad crece, empujándolo más a buscar la privacidad.

La soledad del adicto refuerza su creencia personal de que él no es una persona deseable y que nadie lo puede amar. Se convence cada vez más de que él es el único que puede satisfacer sus necesidades más profundas. El sexo parece ser la necesidad más profunda y promete llenar ese vacío.

Ya que las relaciones generalmente le han traído dolor, el adicto evita la cercanía. De hecho, la adicción sexual y la evasión de la intimidad casi siempre van unidas. Ni la Internet ni las revistas demandan una relación; las imágenes cooperan totalmente. El adicto nunca tiene que entregarse.

Este egocentrismo tiene que ser racionalizado:

«Yo lo merezco».

«He trabajado muy duro».

«Mis necesidades sexuales no son satisfechas».

«A nadie le hace daño».

Si tú utilizas estas «explicaciones» para excusar tu comportamiento sexual, estás luchando con una adicción, lo sepas o no.

QUÉ HACER SI TIENES UN PROBLEMA

Si te das cuenta que tu preocupación por el sexo en la Internet (o en cualquier otro hábito sexual) está aumentando, y que te dejas llevar por ese impulso con mayor frecuencia, debes hacer algo. Quizás has intentado controlar tu hábito, pero te das cuenta que regresas y te involucras más que la vez anterior.

Los siguientes son cinco pasos que puedes dar:

Paso 1: Comienza en el corazón

Si estás atrapado, reconoce que la adicción no se irá por sí sola. Sólo el poder de Dios y la ayuda de Su pueblo te ayudarán a romper las cadenas de la adicción. Hasta que admitas que no puedes hacerlo por ti mismo y decides entregar tu vida, tu voluntad y tus acciones a Dios, nada cambiará.

¿Recuerdas la parábola del hijo pródigo? Después de que lo había probado todo, terminó en el corral de los cerdos. La versión Reina-Valera lo dice claramente en Lucas 15.17-18: «y volviendo en sí, dijo... me levantaré e iré a mi padre...»

El momento para cambiar es el momento del arrepentimiento cuando tú «recapacitas». Te miras al espejo, aceptas la realidad de tu impotencia, caes al nivel más bajo, y entregas tu vida en las manos de Dios.

Si tu esposa, tu jefe o tus hijos te «atraparon con las manos en la masa» y tú solamente estás reconociendo que ellos lo saben, no te has arrepentido verdaderamente. Es momento de hacer un inventario moral completo y admitir tu pecado delante de Dios y de aquellos a quienes has dañado. El primer paso es un cambio de corazón.

Paso 2: Cambia tu estilo de vida

Un alcohólico que desea dejar de tomar debe deshacerse de todo el licor que haya en la casa. Eso en sí mismo no controlará la adicción, pero es un paso necesario. Ya no se puede ir a un bar a pasársela con los amigos de borracheras de antaño.

¿Qué necesitas cambiar? Depende de tu adicción. Si siempre compras pornografía en cierto lugar, no vuelvas allá. Si el salón de masajes o el club nocturno se encuentran en la ruta de camino a casa, cambia de ruta.

Si veías pornografía durante los viajes de negocios, busca quedar en hoteles que no tengan películas para adultos. Si eso no es posible, pídele a la recepcionista que cancele el acceso a esas películas, tal como un alcohólico rehusaría las llaves del minibar.

Si la Internet es tu área de debilidad, sigue los siguientes consejos:
- En el hogar o la oficina, coloca el monitor de la computadora viendo hacia la puerta de tal forma que cualquiera que pase o entre a la oficina pueda verlo.
- Consigue un filtro que bloquee los sitios pornográficos.
- Dale a tu esposa todas las palabras clave para entrar a la Internet.
- Enséñale a tu esposa cómo verificar al azar el historial de la computadora.
- No utilices la computadora cuando estés solo o seas el único que está despierto.
- Vete a dormir a la misma hora que lo hace tu esposa.
- Identifica y evita el patrón asociado con la conexión a sitios sexuales; por ejemplo, si tiendes a hacerlo cuando tu esposa está ausente, busca estar en presencia de otras personas.
- Deja de masturbarte como respuesta al contenido de la Internet.
- Selecciona a alguien a quien le darás cuenta en el hogar, en el trabajo, o donde sea que estés teniendo dificultad; establece la hora en que te vas a reportar con esa persona.
- Considera seriamente terminar tu acceso a la Internet y busca un sistema para sólo leer el correo electrónico.

Paso 3: Enfócate en tu yo interno

Cuando ha ocurrido arrepentimiento y tú has cambiado de dirección, entonces comienza el gran recorrido.

Esta es una guerra. Tienes que atacar desde todos los flancos.

¿Qué significa esto en tu vida real?

Únete a otros para llevar a cabo estos pasos. Un grupo de apoyo te puede ayudar a seguir un proceso sistemático. Comprométete a ese proceso.

No te preocupes por los nombres que tengan los grupos. Lo que necesitas es enfrentar de manera regular tu impotencia, tu dependencia de Dios, y tu carácter inmoral. Ten la disposición de hacer enmiendas, y quizás por primera vez, vivir una vida honesta y abierta. Tal participación en un grupo es algo vital. ¡Pocas veces hemos visto un cambio a largo plazo sin ella!

Aprende nuevas formas de pensar acerca de tu sexualidad. Lee libros como los del doctor Patrick Carnes, en especial *Out of the Shadows* y *In The Shadows of the Net*. Lee *Faithful and True* (Zondervan, 1996) de Mark Laaser, un buen amigo que logró vencer la adicción sexual; él es parte del equipo de profesionales de Carnes y tiene una perspectiva psicológica y bíblica. Su serie de videos de tres partes (*The Geneva Series* de la Asociación Americana de Consejeros Cristianos, Nashville, Tennessee) es práctica y ofrece un mensaje poderoso de esperanza para la restauración matrimonial.

El libro de Steve Arterburn *La batalla de cada hombre* realiza un excelente trabajo de mostrarnos cómo poner vallas protectoras alrededor de nuestra mente. Existen otros recursos: libros, videos, cintas de audio y programas que también pueden ser muy útiles.

No lo intentes solo; eso muy pocas veces funciona.

Para traer sanidad a tus emociones, quizás necesites terapia. Un consejero bíblico, sabio y cuidadoso puede ayudarte con las heridas del pasado y tu baja autoestima, las cuales han sido en parte la causa de tu adicción. Te será de mayor beneficio la ayuda de un terapeuta que entienda y trabaje de manera regular con las adicciones sexuales.

> **Ten la disposición de hacer enmiendas, y quizás por primera vez, vivir una vida honesta y abierta.**

Paso 4: Enfócate en tus relaciones

Tus relaciones también necesitan cambiar, especialmente las que tienen que ver con Dios y con tu esposa.

La mala conducta sexual te ha separado de tu relación con Dios. Probablemente has pasado por el ciclo de expresar tu lujuria, sentir desesperación, angustia, confesión, promesas sinceras, y una gran devoción, para nuevamente caer en la conducta adictiva.

Quizás hayas racionalizado tu conducta, negando que hubiera algún efecto perjudicial. Pero siempre has sabido que te estabas revelando en contra de Dios y ultrajándote a ti mismo y a tu matrimonio.

Encuentra un grupo o una clase donde puedas relacionarte con otros mientras creces espiritualmente. Vuelve a comprometerte a practicar las disciplinas del estudio bíblico, la oración, la adoración y el servicio. La obra del Espíritu de Dios en tu vida es esencial para tu sanidad.

Es importante que te esfuerces a desarrollar tu capacidad de intimidad con tu esposa. Esto no sólo incluye la intimidad sexual, sino primeramente la intimidad emocional y espiritual. Ya que has pasado toda una vida evitando la intimidad, es probable que esta sea la dimensión más difícil en el proceso de sanidad.

Al principio tendrás que ser intencional: hablar, leer, orar y relacionarte. No sucederá de manera natural.

Después de enfocarte en la intimidad emocional y espiritual con tu esposa, comienza a desarrollar la intimidad sexual. Esto te ayudará a llenar el vacío que estabas tratando de satisfacer con tu comportamiento adictivo.

Cuando un esposo viene a nosotros preparado para dejar su adicción sexual, nosotros traemos a su esposa a la terapia tan pronto como el control ya se haya establecido. Llevamos a la pareja a través de un proceso de capacitación sexual con nuestro libro *Restoring the Pleasure*, concentrándose en las caricias, la conversación y ejercicios para desarrollar una intimidad sexual. Tal vez quieras que un consejero te ayude a hacer lo mismo.

Paso 5: Responsabilidad

Recuerda, ¡no puedes hacer esto tú solo! Necesitas ser responsable ante alguien.

En los programas sistemáticos, a esta persona se le llama patrocinador. Ese título no importa. Lo que importa es que tengas a alguien con quien puedas ser totalmente honesto.

No debe haber ningún secreto con esta persona. Si quieres curarte, necesitas ser totalmente abierto. Eso significa que confíes totalmente en la confidencialidad y el buen juicio de esta persona. También debes confiar que él busca tu bienestar.

Esperanza para la sanidad

Entonces ¿cómo controlas la adicción a la pornografía de la Internet o de cualquier otra adicción sexual?

- Te enfrentas a ti mismo y a tu impotencia.
- Tienes que cambiar tu corazón y ponerlo a los pies de Dios, arrepentirte y prepararte para Su sanidad.
- Coloca controles externos que te ayuden a cambiar tu comportamiento.
- Busca cambios internos que te lleven a ser la persona auténtica que Dios hizo.

Hasta un uso casual de la pornografía en la Internet dañará tu relación con tu esposa, y evitará que tengas una vida sexual fantástica como ambos desean.

Haz un compromiso con tu familia de que no visitarás esos sitios.

Si no puedes guardar tu promesa, esa es una indicación de que necesitas ayuda. Busca esa ayuda.

CAPÍTULO CATORCE

UNA PALABRA PARA LAS ESPOSAS ES SUFICIENTE

Si tú eres una esposa que estaba dándole un vistazo a este libro, asumiremos que leíste los capítulos anteriores. En realidad, te animamos a que lo hagas. Pero en realidad son para tu esposo.

Ahora hablaré a los esposos. Si tú eres el esposo, debes saber que este capítulo fue hecho para tu esposa. Pero también te animamos a que lo leas.

Sin embargo, tenemos unas reglas para ambos. Ninguno de ustedes puede comentar o quejarse de que el otro no está haciendo su parte. Cada uno de ustedes es responsable por la actitud y el deseo de hacer que su vida sexual sea más satisfactoria.

Con eso en mente, nos dirigiremos de ahora en adelante a la esposa con la palabra «tú». Hombres, siéntanse libres de leer con ella.

DISFRUTA EL PROCESO

De la misma forma que al hombre le gustan los resultados, a la mujer le gusta el proceso. Cuando una mujer se une a un hombre con un enfoque orientado hacia un objetivo referente al sexo, la relación puede ser fantástica al principio, pero esa chispa muere rápidamente.

Tu mamá y tus amigas quizás te han dicho que el sexo es principalmente para el hombre. ¡Estaban equivocadas! Si piensas que el sexo no es para ti, estás teniendo metas parecidas a las de él.

Quizás creas otros mitos también:

- Que tú debes estar interesada cada vez que él lo está.
- Que tú debes excitarte cuando él vaya directo a tus zonas sexuales.
- Que tú necesitas enfocarte en complacerlo y abandonar la posibilidad de que tú lo disfrutes.
- Que tú tienes que tener un orgasmo o media docena de ellos.

Quizás hayas perdido el interés en el sexo porque te sientes fracasada. No has logrado las metas que piensas que eran importantes para satisfacerlo y para tener una vida sexual feliz.

> El sexo orientado hacia un objetivo no funcionará mejor para ninguno de los dos.

Sin importar las demandas que te has propuesto en ti o en él, el sexo orientado hacia un objetivo no funcionará mejor para ninguno de los dos.

El sexo se trata del proceso de disfrutar del placer mutuo, no de complacerlo a él o de él complacerte a ti. En última instancia, tu esposo se sentirá complacido cuando vea que tú estás complacida, y tú te sentirás complacida cuando tú respondas a tus propios instintos naturales para extender y disfrutar el placer.

Enfócate en el placer más que en la estimulación. Permite que la estimulación sea el derivado de lo que ocurra. Y si no sucede, pasaste un buen rato y lograste una conexión cálida; ésa es la parte más importante.

Cuando un músico se exige demasiado para tratar de alcanzar una nota baja o alta, eso no funciona porque está haciendo demasiado esfuerzo. Si deja que salga desde adentro, podrá abrirse y dejar que las notas bellas resuenen. Lo mismo sucede en el sexo. Cuando te entregas totalmente y te enfocas en el placer de la experiencia sexual, encontrarás la mayor excitación y el éxtasis.

ESCUCHA A TU CUERPO

El sexo fantástico no ocurre por sí solo, pero puedes lograrlo escuchando a tu cuerpo. Tú eres la experta en lo que tu cuerpo necesita y desea.

La sociedad no es tu autoridad. Tampoco lo son las revistas, o los libros.

Los doctores pueden ayudar, pero no pueden saber lo que tu cuerpo te está diciendo. Ni tampoco tu esposo.

Tú puedes descubrir con tu esposo lo que te da placer y comunícaselo a él. No esperes que él sepa cuánto tiempo, qué tan firme, dónde o en qué orden quieres ser tocada. Acepta la responsabilidad de que sabes y que debes decirle cómo te gustaría hacer el amor.

¿Cómo aprendes a escuchar a tu cuerpo? Comienza a ponerle atención a los mensajes que te da. Respeta esas señales y tómalas en serio.

Puedes notar tu deseo como un impulso de estar más cerca y de sentirte acariciada. Puedes sentirte tensa como una indicación de tu necesidad de desahogarte. O puedes experimentar las sensaciones genitales.

Escucha también a tu cuerpo durante la experiencia sexual. ¿Cómo

> **Tú puedes lograr tener buen sexo escuchando a tu cuerpo; tú eres la experta en lo que tu cuerpo necesita y desea.**

deseas que empiecen las relaciones sexuales? ¿Prefieres besos profundos y apasionados o son mejores una vez que te hayas excitado? ¿Prefieres comenzar dándole placer a él, o recibiendo placer, o disfrutando del cuerpo de ambos simultáneamente? ¿Y qué tal la estimulación del busto? Si no te gusta que giren tus pezones como si fueran las perillas de la radio, sugiere la caricia que deseas que él te dé.

Es muy probable que tengas que enseñarle a tu esposo la caricia genital y guiarlo en cierto grado durante toda la experiencia. Tal vez desees o no la penetración, el empuje, o un orgasmo. En cualquier caso, díselo.

Comunícale también cómo quieres completar tus ratos sexuales. Si han tenido un coito, quizás prefieras mantenerte abrazada mientras se acarician y se hablan. O quizás prefieras separarte, limpiarte y dormir. Expresa cuál es tu deseo, respeta el de él y negocien una combinación que satisfaga a ambos.

Precaución

Ponerle atención a las señales de tu cuerpo no es lo mismo que mantenerse como espectadora. Tal como lo dijimos en el capítulo 5, monitorear el proceso puede ser un obstáculo para tu experiencia física. El sexo funciona mejor cuando la pareja se dedica a disfrutarse mutuamente y a satisfacer el deseo interno, sin mantener un registro de tu cuerpo o de las reacciones de tu esposo.

> El sexo funciona mejor cuando la pareja se dedica a disfrutarse mutuamente y a satisfacer el deseo interno.

Una mujer nos preguntó qué era lo que le estaba obstaculizando su excitación y su desahogo sexual. Le pedimos que ella nos dijera lo que ella y su esposo hicieron y lo que ella sintió como reacción.

Ella nos llevó por todo el evento sexual, evaluando las reacciones de su cuerpo en lugar de describir sus sentimientos. Por ejemplo, ella dijo: «Cuando él me acarició todo el cuerpo, yo empecé a lubricar. Pero cuando me tocó el clítoris no sucedió nada. Luego cuando le pedí que me penetrara, me excité, se lo dije y todo se detuvo allí». Ella detuvo las respuestas automáticas de su cuerpo por portarse como una espectadora.

Otra mujer nos dijo del nivel de entusiasmo o de desánimo de su esposo. Ella observaba si él tenía sus ojos abiertos o cerrados, si se veía lo suficientemente excitado, o si él se sentía complacido con el nivel de reacción de ella. Ella disminuyó su reacción cuando se evaluaba indirectamente a ella misma a través de él.

Evaluar crea un complejo e interrumpe el placer. Para contrarrestar eso, conviértete en una participante activa. No puedes estar en las gradas y jugar al mismo tiempo.

APRENDE A DIRIGIR

Aprende a dirigir con tu sexualidad sin demandar o controlar.

La idea de dirigir puede preocuparte, especialmente si crees que tu esposo debe ser el experto sexual y conocer cómo complacerte. Seguramente, él no tiene idea, igual que tú, de qué hacer o cómo guiar.

¡Qué gran oportunidad para ambos de aprender y descubrirse juntos!

Te sugerimos cinco claves para aprender a guiar.

Clave #1: Conoce tu cuerpo

Para conocerte sexualmente, quizás necesites hacerte un autoexamen genital, leer un libro, ver un video, o asistir a una conferencia. Gran parte de ese descubrimiento puede suceder entre tu esposo y tú.

Descubre dónde encajas en las generalizaciones que hicimos en este libro acerca de las mujeres y en qué forma eres diferente. Tu singularidad debe quedarse aclarada.

> Para contrarrestar el estar de espectadora, conviértete en una participante activa. No puedes estar en las gradas y jugar al mismo tiempo.

Descubre de qué forma tu patrón hormonal influye en tu comportamiento y tu interés sexual. Quizás desees tener un diario mensual para ayudarte. ¿Te sientes más interesada sexualmente durante la ovulación, por ejemplo? ¿Antes o después de tu período? ¿Te sientes diferente si estás tomando la píldora?

Clave #2: Conoce tus condiciones

Las mujeres tienden a tener más condiciones para tener relaciones sexuales que los hombres. Conocerlas y comunicarlas hará que el sexo sea mejor para ambos.

Sin importar si tus condiciones son pequeñas o grandes, deben ser respetadas. Por ejemplo, quizás descubras que la mejor forma para iniciar la experiencia sexual es mediante un rato de conversación, de abrazos y de besos. Esto no sería nada fuera de lo común. Si ese tiempo de conexión te lleva a la experiencia sexual de manera más natural, escucha esa necesidad y toma la responsabilidad de que así suceda.

> Si tú comunicas amorosamente tus condiciones y te responsabilizas de ellas, muy probablemente él las respetará y ambos se acercarán más íntimamente.

Si cuando tu esposo te agarra firmemente, eso te inhibe sexualmente, no dejes que suceda. Dirígelo hacia una alternativa.

Quizás necesitas que él se rasure antes de tener relaciones, o que se levante y cierre el cuarto con llave. O quizás necesitas una atención seria a tus necesidades que han surgido de un abuso sexual pasado o de haber sido criada en un hogar alcohólico.

Si tú comunicas amorosamente tus condiciones y te responsabilizas de ellas, muy probablemente él las respetará y ambos se acercarán más íntimamente.

Clave #3: Conoce lo que te provoca sexualmente

Los provocadores sexuales son acciones o situaciones que desatan tu energía sexual. Cierta música, un mimado físico, o hasta ir de vacaciones a un clima cálido y seco pueden ser provocadores para algunas mujeres.

Probablemente conozcas qué es lo que te «da cuerda». Quizás son las palabras de elogio de tu esposo, una conversación, una llamada de la oficina, ayuda en la casa, una nota de amor, flores, una caricia sin expectativa sexual, besos tiernos, reafirmación de tu sexualidad, o cuando él te desviste. Comparte lo que sabes con él.

Lo que provoca tu energía sexual hoy puede que no sea igual mañana. Ten la suficiente confianza como para seguir explicándole lo que te hace tener ganas.

Clave #4: Conoce a tu esposo

Una mujer dijo: «Ya que el órgano sexual más importante se supone que es el cerebro, mi esposo no debería tener ningún problema con el sexo porque eso es todo lo que está en su cerebro».

Algunos hombres experimentan el amor a través del sexo. Ellos buscan el sexo con más frecuencia de lo que se necesitaría para satisfacer sus necesidades sexuales. Parece como si trabajaran buscando el promedio, pensando que si sólo tienen sexo una de cada ocho veces que lo piden, se mantendrán pidiéndolo hasta lograr obtener esa vez de cada ocho.

Si esto describe a tu esposo, quizás él se siente inseguro de obtener amor si deja que tú inicies. Quizás necesites hacer un trato: Si una semana pasa y no ocurre nada, él puede iniciar el proceso.

Por otro lado, quizás tu esposo es todo lo contrario. Quizás se sienta intimidado por el sexo o por la intimidad y puede percibir tus necesidades sexuales como una presión. Guíalo de tal forma que no parezca que le estás demandando algo. Por ejemplo, acercarte físicamente y tocar sus genitales puede ser más fácil aceptar que escucharte dándole un mensaje verbal de tu necesidad, o viceversa.

Si la espontaneidad es algo difícil para él, establecer un horario o avisarle con tiempo puede funcionar mejor que esperar a que él responda al instante. Si establecer un horario lo hace sentirse controlado, intenta planificar con anticipación pero no le avises.

Tu esposo puede que también esté preocupado de su capacidad sexual. Reafirma sus esfuerzos positivos; cuando él se mueva en tu dirección, reafírmalo.

Clave # 5: Aprende a recibir

¿Se te hace difícil recibir placer sexual? Si es así, seguramente es porque has aceptado uno o más de los siguientes mitos:
- El placer sexual no es para las mujeres.
- El deber sexual de una mujer es mantener a su hombre satisfecho para que él no busque eso fuera del hogar.

- Si él está feliz, tú también lo estarás.
- Las mujeres buenas no son extremadamente sexuales.

O quizás hayas dejado de expresar tu sexualidad debido a un trauma pasado, a un esposo sexualmente demandante o porque has llegado a sentir que no tienes más valor que el de un receptáculo de su agresión sexual.

Para guiar sexualmente en tu matrimonio, debes aprender a recibir. Debes darte permiso de aceptar los cumplidos, el placer y la estimulación.

El sexo es para ambos, para ti y para tu esposo. Así fue diseñado tu cuerpo. Dios te creó con un clítoris que no tiene otro propósito más que recibir y transmitir estimulación sexual. Hasta la vagina fue diseñada para el placer y la procreación.

Antes de que puedas guiar tu relación sexual, necesitas poder disfrutar de tres cosas:

- de tu propia sexualidad,
- del deleite de tu esposo en tu sexualidad y
- de tu placer en su sexualidad.

No tienes que hacer a un lado tus necesidades para poder complacer a tu esposo.

De hecho, lo complacerás más si buscas tu propio placer y aceptas cómo disfruta él de ti.

GUÍALO A LA INTIMIDAD

Cuando las chicas crecen, ellas desarrollan la capacidad de tener intimidad en maneras que frecuentemente no están disponibles o no son naturales para el hombre. Las chicas tienden a pasar más tiempo con sus madres que los chicos con sus padres. Las chicas resuelven sus emociones hablando con otras chicas; los chicos tienden a procesar sus sentimientos en soledad.

Es muy probable que necesites asumir el mando para crear intimidad. Tu necesidad y tu comodidad con la intimidad pueden que sean mayores que las de él, aunque él lo disfrute cuando ocurre.

Acepta su necesidad de tener espacio

Cuando buscas la intimidad con tu esposo, probablemente se acercará, luego necesitará «espacio», y luego estará listo para acercarse de nuevo. Piensa en términos de electricidad: Un hombre funciona mejor con una corriente alterna de cercanía e intimidad. Él tiende a recibir un corto circuito cuando hay una corriente directa de intimidad continua. La cantidad de tiempo que él necesita para tener intimidad varía de hombre a hombre y de día a día.

¿Qué queremos decir con corriente alterna? Hablar en períodos de quince minutos o media hora y con espacios amplios entre esos períodos será algo mucho más controlable para muchos hombres que las conversaciones de hora y media o dos horas.

Compartir por un largo período de tiempo cada ciertos días será mucho más sencillo que tener conversaciones diarias profundas.

Mantén un balance de tus necesidades y las de él

Existen muchas actividades que pueden distraer a un hombre de su necesidad de intimidad. Un juego que sea importante para él, un viaje de pesca, o un juego de golf pueden convertirse en prioridad más que un momento de intimidad contigo. Puede que te sientas reemplazada. No pienses que tiene algo contra ti; él haría lo mismo con cualquier mujer con la que él estuviera casado.

Cuando aceptas sus necesidades y expresas también las tuyas, ambos podrán encontrar formas de satisfacerse mutuamente. Determina el tiempo de tus «encuentros cercanos» para que las necesidades de ambos se tomen en consideración.

Y no anuncies tus tiempos de intimidad con frases como: «compartamos», «comuniquémonos» o «intimemos». Eso solo crea un complejo. Intenta hacerlos parte de tu vida diaria juntos o durante tiempos de conversación ya establecidos.

Sexo y romance

Quizás tengas imágenes románticas de cómo el matrimonio y el sexo deberían de ser. Tal vez nunca has compartido esos sueños con tu esposo, pero te frustra que él no haya cumplido esos deseos. Acepta la responsabilidad de comunicarle tus expectativas.

Tal vez te preguntas: «Pero, ¿cómo el romance sería romántico si hago eso?» Si tú realizas tu visión del romance, eso será romántico. Si tú esperas que él sepa intuitivamente lo que tú consideras romántico, te decepcionarás y él perderá la confianza en hacerlo.

O tal vez digas: «Si él me amara, él haría su parte romántica». Su intención romántica o su falta de ella, muy probablemente no tiene nada que ver con su amor por ti. La forma en que funciona su cerebro y su comodidad de realizar esfuerzos románticos moldean lo que él hace o no hace.

Si tú necesitas absolutamente que él cree un ambiente romántico para ti, háblale de tu necesidad. Hazle saber de algunas de las expresiones románticas que te gustarían. Cuando él haga su intento, afírmalo. Con el tiempo quizás pueda crear algo de romance por su cuenta.

Obstáculos para la intimidad

El enojo, la vergüenza, el abuso, el abandono, y la baja autoestima mencionada en el capítulo 6 podrían ser algunos de los síntomas. Si tú has traído esos patrones destructivos al matrimonio, probablemente quedará bien buscar ayuda profesional para resolverlos.

El sexo puede convertirse en un campo de batalla para resolver los asuntos conyugales. Una mujer no quería buscar su propia sexualidad porque sabía que así haría a su esposo feliz. Ella prefería no tener placer si eso iba a causar algo positivo en él.

Cuando las esposas y los esposos vienen a nuestra terapia sexual, con frecuencia nos sorprendemos al descubrir que sus deseos sexuales son casi idénticos, aunque ellos piensen que están totalmente distanciados en ese aspecto. Otros asuntos han distorsionado sus percepciones.

Puede que necesites ayuda profesional para resolver los problemas que interfieren con la intimidad que ambos quieren. Cuando vayas venciendo esos obstáculos, la intimidad se irá desarrollando.

CUANDO NO ESTÁ FUNCIONANDO

¿Y qué si la vida sexual no está funcionando como debiera? Las siguientes son las preguntas más frecuentes:

¿Y qué si él quiere y yo no?

¿Con qué frecuencia debes sentir el deseo? No existe una fórmula. Pero si nunca sientes un deseo en tu cuerpo por el contacto sexual, el placer, la excitación, o el desahogo, necesitas ponerle atención a esa clase de ausencia.

Los eventos de la vida, la función física, o asuntos referentes a relaciones pueden estar obstaculizando tu deseo sexual. Puede ser el resultado de cómo fuiste criada, alguna experiencia de violación que sufriste, un desequilibrio hormonal, o una relación problemática. Sin importar cuál sea el caso, puedes lidiar con ello, pero sólo tú puedes obtener la ayuda de un doctor o un consejero.

¿Y qué tal si «buscarlo» significa rendirse ante él?

Una mujer dijo: «No iniciaría el sexo cuando lo quisiera, porque tengo miedo de que si lo hiciera así, él se acostumbraría a tener relaciones muy frecuentemente».

Quizás tú no «lo buscarías» porque tienes miedo de que eso te encadenaría a sus demandas. O quizás las ataduras del enojo que tienes hacia tu esposo evita que descubras el amor, la pasión y la intimidad. Esa atadura quizás es mucho más antigua que la relación que tienes con él; quizás empezó con una sexualidad forzada en tu hogar.

Una mujer fue obligada a ver a su padre orinar cuando ella era niña para que aprendiera acerca de los genitales masculinos. La mamá de otra mujer le pellizcaba los pechos cuando estaba desarrollando para poder determinar el tamaño del sostén. A ambas mujeres les arrebataron su sexualidad cuando eran niñas o adolescentes. Ahora tienen mucha dificultad en buscar el sexo para satisfacción propia.

El enojo también puede identificarse con la pérdida de un padre, ya sea por medio de la muerte, la deserción, o una distancia emocional. Quizás temas subconscientemente de que si procuras libremente tener relaciones sexuales con tu esposo, él te abandonará de la misma forma en que lo hizo tu padre.

Aunque pueda que tú seas la portadora de los asuntos principales que causan estas luchas, pareciera que él es la causa de tu dificultad. Él necesitará hacerse a un lado para que tú aprendas a disfrutar del sexo. Probablemente necesitarás la ayuda de un consejero en este proceso.

¿Y qué tal si mi imaginación divaga?

Tu imaginación divagará durante el sexo. La de tu esposo también, pero no con la misma frecuencia; cuando él está excitado su mente está generalmente conectada con las reacciones de su cuerpo.

Ya que tú funcionas en dos áreas, tú puedes disfrutar del placer sexual aun cuando cualquier otro pensamiento entre en tu mente. Puedes estar pensando en la lista de compras, la pintura que necesitas, o lo que vas a dar de comer a tus hijos mañana. No te preocupes por esos pensamientos pasajeros, siempre y cuando no te desvien del placer, o te alejen de la experiencia.

Si esos pensamientos se convierten en un problema, contraatácalos participando más activamente. Habla, cambia de posición, escucha los deseos de tu cuerpo y ve tras ellos. Deja el modo pasivo, donde tu mente no está comprometida.

¿Y si él tiene un dolor de cabeza?

Cuando el deseo sexual se disminuye en un hombre y eso se convierte en un patrón más que una excepción, ambos necesitan descubrir y lidiar con la causa.

La falta del deseo sexual en el hombre puede ser por razones similares a las de la mujer: un abuso en el pasado o un fracaso, problemas en la relación conyugal, una lucha interna por ser sexual, un desequilibrio hormonal, o una baja percepción como buen amante. La preocupación con la homosexualidad, la pornografía u otras adicciones sexuales pudieran causar también que un hombre no se interese en hacer el amor con su esposa.

Apoya y participa con tu esposo para determinar y vencer esa falta de deseo. Busquen la ayuda de un doctor, un consejero, o un terapeuta sexual.

¿Y qué tal si él sigue olvidando lo que le he dicho?

Los hombres pueden olvidar durante las relaciones sexuales por la misma razón que sus mentes no tienden a divagar: sus mentes y sus cuerpos están conectados totalmente a la excitación y a su desahogo.

Cualquiera que sea la razón de su olvido, probablemente no es una señal de su falta de amor por ti. Si él olvida que a ti te duele cuando el aprieta tus pezones, o frota un área hasta el punto que parece que se va a romper, guíalo gentilmente al área o a la actividad que te va a dar placer. Intenta hacerlo antes de que esa acción irritante cree una barrera entre ustedes.

Asumir tu responsabilidad no significa que él no tiene que poner de su parte. Los capítulos anteriores en este libro te ayudarán con este asunto. Pero él no lo logrará si no tiene tu participación activa.

¿Y qué tal si tenemos relaciones sexuales de la misma forma todo el tiempo?

El cambio es difícil, aun cuando uno lo quiere. El cambio requiere esfuerzo. Y también riesgo.

Conversen y hagan un plan. Uno de ustedes necesita asumir el liderazgo de traer más creatividad a la vida sexual.

¿Cuál de ustedes es más probable que inicie la novedad? Puede que estés casada con un hombre que hace exactamente lo mismo todos los días cuando llega a la casa del trabajo, le gusta comer las mismas comidas todo el tiempo, ir a los mismos restaurantes, y hacer las mismas tareas todos los sábados. ¿Por qué habría de ser diferente en el área de la relación sexual?

Si el cambio es importante para ti, probablemente tú serás la que tenga que lograr que el cambio ocurra. Si tú eres la que mantienes todo igual, él tendrá que ser más innovador. Si ninguno de ustedes dos puede pensar en cosas originales para hacer los cambios en su relación sexual, consulta un libro como *52 maneras de tener relaciones sexuales fabulosas y divertidas* (Grupo Nelson, 1993).

¿Y qué tal si todo lo que tenemos siempre son rapidines?

¿Qué puedes hacer si tus experiencias sexuales son de seis o siete minutos de duración y suceden tarde en la noche o quizás en la madrugada?

Conversen acerca del patrón que siguen y lo que les gustaría hacer al respecto. Si tener períodos sexuales más largos y de calidad es una meta mutua, separen momentos cuando sólo se enfoquen en darse placer y en acariciarse. Si tu esposo se muestra reacio para sacar el tiempo, comienza a buscar oportunidades para darle placer a él. Haz que tus intentos sean divertidos, de tal forma que ninguno de los dos se sienta presionado.

¿Y qué tal si mi pasado sexual ha invadido nuestra recámara?

Si tu pasado es tu obstáculo, busca ayuda. Puedes consultar con un terapeuta individualmente o unirte a un grupo de mujeres que han tenido experiencias similares.

Compartir el sufrimiento te ayudará a superar ese dolor. Algunas mujeres temen que compartir esto hará que sus esposos se alejen de ellas; no obstante, nos damos cuenta que los esposos son extremadamente abiertos y listos para ayudar. Ellos quieren ayudar a sus esposas a enfrentar ese dolor y a que ella pueda disfrutar de la experiencia sexual.

Si algunas actividades sexuales te recuerdan el abuso, evítalas.

Por ejemplo, si hacer el amor en la oscuridad te hace recordar el abuso, haz el amor durante el día o con las luces encendidas. Si cierta caricia o ruido produce una reacción de pánico en ti, busca la forma de señalárselo, para que él pueda ajustarse a la situación.

Algunas veces se necesitan cambios drásticos. Si fuiste abusada, por ejemplo, es probable que sólo puedas tener un orgasmo si tú estás encima de él.

Uno no puede olvidar el pasado doloroso tan sencillamente. Tú y tu esposo pueden descubrir una senda de sanidad si enfrentas ese dolor junto con él y en voz alta.

¿Y qué tal si no hablamos del sexo?

Escoge un ambiente en el cual la conversación sea más cómoda. Si la mayoría de tus conversaciones de tus relaciones íntimas han ocurrido fuera de casa, busca un lugar fuera de la casa para hablar. Quizás tú prefieras caminar y hablar o manejar y hablar en lugar de sentarse y mirarse mutuamente. Si tus mejores conversaciones han sido muy temprano en la mañana, o muy tarde en la noche, escoge el momento que pueda funcionar mejor.

Encuentra la forma de comunicación que sea la más efectiva. Quizás les guste leer las cartas que ambos se han enviado y hablar de ellas. O hablar ante una grabadora para luego escucharse y responderse mutuamente. O leerse mutuamente parte de este libro en voz alta y hablar al respecto.

> Hablar acerca del sexo es vital para mantener vivos el amor, la pasión y la intimidad en tu vida sexual.

Las mujeres no tienden a hablar de sexo después de haber tenido relaciones sexuales. Ya que el rendimiento sexual es importante para los hombres y equivale a tener a una esposa feliz, una expresión de tu placer después de un tiempo juntos puede ser una forma de ampliar tu vida sexual.

Hablar acerca de tu vida sexual es una obligación si se desea tener una relación sexual saludable. La disposición de compartir tus sentimientos en esta área vulnerable de tu matrimonio reafirma tu unión y expresa una forma de intimidad.

¿Y qué tal si yo no puedo ser sexual?

Quizás pienses que ninguno de estos consejos a las esposas funcionará contigo. Tú has estado intentándolo durante toda tu vida matrimonial y estás convencida de que sencillamente no eres sexual.

¿Es como si Dios no te hubiera dado el amor sexual cuando creó tu cerebro? Tu cuerpo puede responder, pero tú no sientes nada; tú no estás emocionalmente conectada a la excitación. O quizás lo intentas pero nada ocurre en tu cuerpo.

«No le puedo decir cuando estoy excitada», dijo una mujer, «no quisiera iniciar el sexo porque eso sería una señal de mi necesidad». La mamá de esta mujer había tenido muchos compañeros sexuales después de que su papá la abandonó cuando ella tenía dos años. Estar sexualmente fuera de control era la manera que usaba su mamá para demostrar su necesidad. Ahora la hija tiene dificultades en su relación sexual con su esposo.

Otra mujer dijo: «Puedo disfrutar darle placer a él, pero no creo que pueda recibirlo».

También podría haber una razón hormonal de tu inhabilidad a ser sexual. Pídele a tu doctor que haga una prueba de tus niveles de hormonas, particularmente de tu nivel de testosterona.

Otras posibles causas incluyen el temor de tu sexualidad y las demandas que tú o tu esposo han puesto sobre ti para que seas sexual. Una vez que reconozcas esa razón, aún necesitarás *decidir* ser sexual.

Acepta que por diseño de Dios tú eres sexual. Comienza a comportarte sexualmente; las acciones precederán a los sentimientos. Pasa por lo menos un año procurando de manera consistente en tener relaciones sexuales con tu esposo antes de que te desanimes.

Cuando piensas en cosas negativas como: «esto nunca funcionará», habla de eso y no le hagas caso a esa clase de pensamientos. Dile a tu esposo cuando tales pensamientos interrumpen tu placer. Vuelve a hacer el compromiso de procurar la sexualidad por decisión, no por deseo.

Permite que tu esposo disfrute del cuerpo, sin importar si reaccionas o no. Disfruta del cuerpo de tu esposo, aun cuando no te excites con ello.

¿Y qué tal si él no me excita?

Él no puede excitarte. Sólo tú puedes permitir que tu cuerpo se excite.

Al menos que hayan factores hormonales o físicos que lo impidan, permitir tu reacción es tu decisión. Para dejarse excitar por él, necesitas estar preparada para entregarte totalmente a él.

Quizás quieras excitarte, pero no quieras entregarte a él. De esa forma no se puede. Es tu decisión.

Quizás necesitas enfrentar algún conflicto o el enojo en tu relación, o asuntos de tu pasado. Quizás necesites hacer un inventario de lo que ha cambiado desde los días en que te permitías reaccionar hacia él, suponiendo que lo hacías anteriormente. Quizás el sexo siempre ha sido decepcionante para ti, o estás aburrida con tu vida sexual.

Puede que necesites a un consejero para descubrir por qué te has cerrado sexualmente. Él o ella pueden ayudarte a que conozcas y enfrentes los asuntos que no te dejan libre para reaccionar.

¿Y qué tal si no estoy enamorada de él?

El amor es una decisión, es un compromiso (1 Corintios 13). Tus sentimientos de amor pueden cambiar de un día al otro.

El amor puede herir. Tú puedes decidir no amar más a causa de las heridas, pero ésa es tu decisión, no algo que te ocurre a ti. Amarlo o no es algo que está bajo tu control.

Hemos descubierto que cuando la barrera entre los cónyuges puede romperse, su decisión de amar puede ser reavivada y el sentimiento de enamoramiento puede regresar. No obstante, los sentimientos van y vienen.

Es por eso que los sentimientos no pueden ser el criterio de un verdadero amor. Los sentimientos amplían la decisión de amar, y deben ser tomados en serio. Pero no pienses que esa relación ha terminado porque tú sientes que ya no estás enamorada de él.

SIGUE EL CONSEJO DE TU ESPOSO

Si has leído los capítulos anteriores que estaban dirigidos a tu esposo, entonces ya has leído mucho acerca del consejo que te daríamos a ti. Aquí te presentamos un resumen:

1. Protege tu matrimonio poniéndole atención a tu vulnerabilidad y orientando tu corazón hacia el hogar.

2. Planea esa aventura erótica con tu esposo.

3. Usa tu imaginación de manera creativa y sana.

4. Diviértete con tu sexualidad; disfrútense mutuamente.

Date el permiso de ser la persona sexual dinámica que Dios hizo que fueras. Decide descubrir y compartir tu sexualidad con tu esposo y encontrarás el verdadero amor, la pasión y la intimidad en tu matrimonio.

> Mujer virtuosa, ¿quién la hallará? Porque su estima sobrepasa largamente a la de las piedras preciosas. El corazón de su marido está en ella confiado, y no carecerá de ganancias. (Proverbios 31.10-12)

— NOTAS —

Capítulo 1

1. Leo Buscaglia, *Loving Each Other: The Challenge of Human Relationships* (New York: Holt, Rinehart and Winston, 1984), p. 134.

Capítulo 2

1. Lewis B. Smedes, *Love Within Limits: Realizing Selfless Love in a Selfish World* (Grand Rapids, MI: Eerdmans, 1978), p. 133.
2. John Trent, et al., *Go the Distance: The Making of a Promise Keeper* (Colorado Springs, CO: Focus on the Family, 1996) p. 128
3. John Gray, *Men Are from Mars, Women Are from Venus* (New York: Harper Collins, 1992) p. 11.
4. Paula M. Siegel, «Can You Psyche Yourself into Sex?» *Self,* diciembre 1990, p. 144.

Capítulo 3

1. Archibald Hart, *The Sexual Man* (Dallas: Word Publishing, 1994).
2. John Gray, *Mars and Venus in the Bedroom: A Guide to Lasting Romance and Passion* (New York: Harper Collins, 1995), p. 35.

Capítulo 4

1. *Los Angeles Times,* 5 de febrero de 1996.
2. George Gilder, *Men and Marriage* (Gretna, LA: Pelican Publishing Co., 1986), p. 171

Capítulo 5

1. Warwick Williams, *Rekindling Desire: Bringing your Sexual Relationship Back to Life* (Oakland, CA: New Harbinger, 1988), p. 109.
2. Bernie Zilbergeld, *The New Male Sexuality* (New York: Bantam, 1992), p. 67.

Capítulo 8

1. Harold B. Smith, *Marriage Partnership,* (invierno 1993), p. 48.
2. Harville Hendrix, *Getting the Love You Want* (New York: Harper and Row, 1990).
3. Neil Clark Warren, *Learning to Live with the Love of Your Life... and Loving It* (Colorado Springs, CO: Focus on the Family, 1998).
4. John Trent, et al., *Go the Distance: The Making of a Promise Keeper* (Colorado Springs, CO: Focus on the Family, 1996), pp. 121-122.
5. John Gottman, *Why Marriages Succeed or Fail* (New York: Simon and Schuster, 1994).
6. Patricia Love, *Hot Monogamy* (New York: Penguin, 1995).

Capítulo 12

1. *The Random House Dictionary of the English Language, The Unabridged Edition* (New York: Random House, 1967), p. 468.
2. Joseph C. Dillow, *Solomon on Sex* (Nashville: Thomas Nelson, 1977), p. 24.

∼ ACERCA DE LOS AUTORES ∼

Clifford L. Penner es un psicólogo clínico graduado de Bethel College en St. Paul Minnesota, con una maestría en teología del Seminario Teológico Fuller y con un doctorado de la escuela de psicología de Fuller.

Joyce J. Penner es una enfermera clínica, con un énfasis en desórdenes sicosomáticos, graduada de la Universidad de Washington y con una maestría de la universidad de UCLA.

Los Penner son reconocidos internacionalmente como terapeutas sexuales, educadores y autores. Ellos han escrito muchos libros, además de su práctica a tiempo completo como terapeutas sexuales en Pasadena, California, y de conducir seminarios de enriquecimiento sexual.

www.ingramcontent.com/pod-product-compliance
Ingram Content Group UK Ltd.
Pitfield, Milton Keynes, MK11 3LW, UK
UKHW031126120325
456135UK00006B/89